세대 주식회사

# 세대 주식회사

한 직장에 모인 다섯 세대, 우리들의 이야기

래리 존슨·메간 존슨 지음 | 방영호 옮김

WINNER'S BOOK

# 세대 주식회사
Generations, Inc.

초판 1쇄 발행 2012년 4월 20일

지은이 | 래리 존슨·메간 존슨
펴낸이 | 홍경숙
펴낸곳 | 위너스북

기획편집 | 김형석
마케팅이사 | 안경찬

출판등록 | 2008년 5월 2일 제313-2008-221호
주소 | 서울 마포구 합정동 370-9 벤처빌딩 207호
도서문의 | 02)325-8901
팩스 | 02)325-8902

종이 | 한솔 PNS
인쇄 | 영신문화사
출력 | (주)한국커뮤니케이션
디자인 | ZINO DESIGN 이승욱

ISBN 978-89-94747-09-5 13320

출판을 원하시는 분, 출판 아이디어가 있으신 분들의 문의를 환영합니다.
winnersbook2@naver.com

《세대 주식회사Generations, Inc》는 여러 세대들의 이야기를 종합적이면서도 심도 있게 다룬 색다른 시도다. 오늘날 직장 내부에는 성장해온 배경이 저마다 다르고 공유하는 문화 또한 서로 다른 여러 세대가 함께 어울려 지낸다. 한 직장 안에는 전통세대, 베이비부머, X세더, Y세대, 그리고 이제 막 사회에 첫 발을 내딛는 링스터 세대들이 모여 있다. 이들은 크고 작은 일에서 사사건건 부딪친다. 나와 다른 세대들의 생각과 행동을 전적으로 이해하는 사람이 몇 명이나 될까? 많은 사람들이 직장 내에서 이른바 세대차이라는 벽을 마음에 품고 지낸다. 당연히 여기서 비롯되는 여러 가지 문제점들은 모른 체 덮고 지나가야 할 것이 아니라, 지혜롭게 극복해야 할 우리 모두의 숙제다. 저자인 우리는 직장 내부에서 발생하는 갈등과 문제의 본질에 접근하고자 했다. 각 세대의 장단점을 밝히고자 노력했으며, 그들을 효과적으로 활용하고 시너지를 이끌어내기 위한 맞춤별 대안도 제시했다.

흥미로운 사실은, 조금 전에 언급한 다섯 세대가 한 직장에서 근무하는 일이 벌어지고 있다는 점이다. 전통세대 중 일부는 여전히 직장에서 근무하고 있으며, 구직과 구인이 이루어지는 취업 사이트에는 가장 신세대인 링스터 세대가 등장하기 시작했다. 가장 윗부분 높은 자리를 차지하고 있는 전통세대와 가장 아래쪽 신입사원 격인 링스터 세대가 한 직장에 모이는 일은 엄연한 현실이다. 물론 68세 이상인 전통세대의 경우 현직에서 거의 은퇴했을 가능성이 더 높지만 여전히 한 기업의 총수 또는 대표격으로 남아 있다. 그리고 베이비부머 세대의 본격적인 퇴직과 더불어 링스터 세대의 입사가 날로 증가 중이다. 이는 직장 내부의 세대 구성이 빠르게 변할 것임을 시사한다. 그러나 여러 연구결과에 따르면 베이비부머 세대 중 상당수가 은퇴 후에도 계속 일할 것이라고 대답한 것을 고려할 때 아마도 당분간은 베이비부머, X세대, Y세대, 링스터 세대들이 회사 조직에서 핵심을 이루는 일이 오랫동안 지속될 것으로 보인다. 이 책은 위의 다섯 세대 구성원들의 삶을 들여다보고, 역사학자들과 사회평론가들이 정의한 다양한 세대별 하위집단에 대해서도 논의한다. 직장환경, 직원의 태도, 관리자의 관리방식, 직원관리방식 등에 대해 각 세대가 갖고 있는 기대와 생각의 차이는 매우 크다. 개인의 사생활에서도 각 세대들의 다양성이 나타나게 마련이다.

《세대 주식회사》에 실린 내용들에 진심을 담아 충고해주신 많은 분들의 격려와 지원이 없었다면 이 책은 빛을 못 보았을 것이다. 마이클 스넬 Michael Snell은 책의 시장성을 파악해주었다. 편집자 스티브 조지 Steve George

는 놀라운 열정으로 책의 방향성을 알려주었다. 각 세대가 모두 모여 사는 필라드<sup>Phillard</sup> 가족, 캐시<sup>Kathie</sup>, 지노<sup>Gino</sup>, 제이슨<sup>Jason</sup>, 카일리<sup>Kylie</sup> 등은 여러 세대들의 생생한 사례를 수집함과 동시에 다양한 연령층을 대상으로 책에 도움이 될 만한 소재를 찾느라 많은 시간을 바쳤다. 그 밖에도 헤더 오스본<sup>Heather Osborn</sup>, 리사 필립<sup>Lisa Phillips</sup>, 웰시 부부<sup>Edd and Katie Welsh</sup>, 한나 쿠엔<sup>Hannah Kuenn</sup>, 캐슬리 울프<sup>Kelsey Wolf</sup>, 크리스틴 로버트슨<sup>Kristine Robertson</sup>, 자스민 트루액스<sup>Jasmine Truax</sup>, 메리 조지<sup>Mary George</sup>, 케이지 캐이브<sup>Kasey Cave</sup>, 막스<sup>MargZ</sup>, 로손<sup>Lawson</sup> 등도 저자인 우리가 진실을 파헤치고 곤란한 질문을 하느라 사생활을 침해했지만 전혀 불평하지 않았다. 혹시 여러분들 중 누구라도 위에 언급한 분들을 만나게 된다면 환한 미소를 보내주기 바란다. 그 정도의 대접을 받을 자격이 충분하기 때문이다!

래리 존슨·메간 존슨

차례

## 1  베이비부머 세대 경쟁력을 키워야 살아남는다!

### 1 베이비부머 세대 파악하기

## 2 X세대 전통과 혁신의 중간 다리다!

### **1** X세대 파악하기

### **2** 효과적인 X세대 관리법

# 3 Y세대 합리적 소비와 유행을 선도한다!

## 1 Y세대 파악하기

## 2 효과적인 Y세대 관리법

# 4 전통세대 노장으로부터 지혜를 구하라!

## 1 전통세대 파악하기

## 2 효과적인 전통세대 관리법

편집자 주

▶ 여러 세대를 이해하기 위한 많은 내용들을 아버지 래리와 딸 메간 두 가지 시선으로
   정리했다. 두 저자는 함께 의견을 내는 한편, 자신만의 생각을 말하고 싶은 부분에 대
   해서는 역할을 분담하여 따로 집필했다. 부녀 사이인 저자들은 여러 세대의 이야기를
   종합적으로 담아내어 객관성을 유지하고자 노력했으며, 노인세대에서부터 젊은이들
   에 이르기까지 각 세대 사람들의 목소리를 직접 취재하여 정리했다.

▶ 책에 소개되는 많은 책들은 국내에서 출간된 경우 책 제목을 원서 제목 앞에 넣었고,
   번역되지 않은 책들은 원서 제목 뒤에 우리말 가제를 붙였다. 독자 여러분의 편의를
   위해 1인칭 시점(두 저자 중 아버지인 래리 존슨의 시각)에 따라 번역되었음을 밝힌다.

# INTRO

## ■■ 세대의 구분

제2차 세계대전이 끝나기 전에 태어난 사람들을 흔히 전통세대라고 부른다. 전통세대가 태어난 시기는 전통세대를 결정 짓는 시기로 통한다. 그래서 전통세대로 태어났다면 영원히 전통세대로, 마찬가지로 베이비부머 세대로 태어났다면 영원히 베이비부머 세대로 남는다. '세대 generation' 라는 용어는 여러 가지 의미를 포함하는데 그중에서 같은 시대를 사는 개인들의 집단' 이라는 의미를 확장하면 세대를 정의를 다음과 같이 정리할 수 있다.

**세대generation** 같은 시대를 살면서 공통된 지식과 경험을 가진 개인들의 집단. 그들의 지식과 경험은 그들의 사고, 태도, 가치, 신념, 행동에 영향을 준다.

세대와 세대를 구분 짓는 절대적인 기준은 없다. 대부분의 국가에서는 출생률의 변동을 기준으로 세대를 구분하기도 한다. 예컨대 미국의 경우 제2차 세계대전이 터지는 바람에 전통세대는 결혼해서 가정을 꾸리는 일을 훗날로 미루어야만 했다. 그리고 전쟁이 끝나자 전통세대는 연인과의 긴 이별을 마치고 결혼하여 아이들을 낳았다. 그리고 이들은 전례 없는 경제성장으로 아이를 많이 낳는 데 일조했다! 일반적인 세대의 구분은 다음과 같이 정리할 수 있다.

**전통세대** 1945년 이전에 태어난 사람들. 대공황의 아이들<sup>Depression Babies</sup>이라고도 한다.

**베이비부머 세대** 1946~1964년 사이에 태어난 사람들. 우드스탁 세대<sup>Woodstock Generation</sup>라고도 한다.

**X세대** 1965~1980년 사이에 태어난 사람들. 열쇠 아동<sup>Latchkey Kids</sup>(방과후 집에서 혼자 지내는 아이들, 맞벌이 부부의 아이들)이라고도 한다.

**Y세대** 1981~1993년 사이에 태어난 사람들. 에코붐 세대<sup>Echo Boom Generation</sup>(베이비붐 세대의 자녀)라고도 한다.

**링스터 세대** 1993년 이후에 태어난 사람들. 페이스북 군중<sup>Facebook Crowd</sup>이라고도 부르며 대부분 X세대의 자녀들이다.

## ▪▪ 개인의 지표, 집단의 지표

**X세대, 매간의 기억**

1976년, 여섯 살 때였던 것 같다. 아버지와 함께 상점에 들른 날이었다. 아버지가 1달러 69센트짜리 물건을 하나 사셨는데, 점원이 가격을 잘못 보고 69센트만 내라고 했다. 당시에는 바코드 스캐너가 없었다. 그래서 점원들이 손수 가격을 매겨 팔던 때였다. 그런데 아버지는 점원에게 계산이 잘못되었다고 알려주셨고, 점원은 아버지께 고맙다고 말하며 물건 값을 다시 계산했다. 그 장면을 지켜본 나는 할 말을 잃었다! 당시 나의 1주일 용돈이 고작 1달러였는데, 아버지가 그 돈을 날려버린 셈이었으니까. 나는 아버지에게 따지며 말했다.

"아빠는 정말 바보! 그냥 모른 척하고 1달러를 챙겼어야지."

"그래." 아버지가 대꾸하셨다. "하지만 아빠는 1달러보다 더 가치 있는 것을 느낀단다."

나는 살아오는 내내 그날의 기억을 잊을 수 없었다. 중대한 의사결정을 내려야 하는 상황에 마주하면 늘 당시의 일을 떠올렸다. 그날 이후 난 물질적인 이득보다 더 소중한 것이 있다는 사실을 알았으니까. 그날의 에피소드는 동료를 선택할 때에도 많은 영향을 미쳤다. 내가 '1달러'를 챙길 것 같은 동료를 바랐을까? 그렇지 않다.

"고마워요. 아버지! 덕분에 난 100만 달러를 주고도 아깝지 않은 교훈을 얻었어요."

## 베이비부머, 래리의 반응

정말로 그런 일이 있었니? 그런데 이거 큰일이네! 네 삶에서 분명히 큰 사건인데도 나는 기억조차 나질 않으니 말이다. 네 말을 듣고 생각해보니, 1달러 가치 이상의 값비싼 삶의 교훈을 알려줄 수 있었던 것 같구나. 단지 1달러가 아니라 수백 만 달러의 이익이 걸려 있었다 해도 그처럼 당당히 행동했기를 바라지. 어린 시절의 경험은 우리 삶에 지속적인 영향력을 제공하지. 그와 관련해서 이야기를 하나 들려주마. 아빠가 10살 때 YMCA에서 개최한 여름 캠프에 참여했던 적이 있단다. 가정 형편이 좋지 않아 참가비용을 낼 수 없었지만, 나는 모험심을 잃지 않았지. 접시를 닦는 조건으로 참가비용을 면제받고 캠프에 참여했단다. 그런데 어쩐 일인지 한 선생님이 나처럼 참가비용을 면제받은 학생들을 사회적 약자로 바라보지 뭐야. 하루 종일 걸어서 행군한 끝에 밤늦게 캠프로 돌아왔을 때, 그 선생님은 설거지하는 우리들에게 참가비용을 낸 학생들이 저녁을 다 먹을 때까지 기다리라고 하더군. 나는 한참을 기다렸단다. 그러다가 마지막 학생들 몇 명이 줄을 서길래 그들 뒤에 자리를 잡았어. 그러자 그 선생님이 대열에서 날 끌어내고는 호통을 쳤단다. 내가 설거지하는 사람이니 캠프 참가비용을 낸 학생들이 식사를 마칠 때까지 기다려야 한다고 하면서 말이야.

나는 수치심과 부끄러움을 참기 힘들었단다. 결국 눈물을 쏟으며 식판을 선생님 얼굴에다 던져 버렸지. 그러고는 숲으로 뛰어들어갔어. 차라리 길을 잃고 굶어 죽어서 내가 얼마나 부당한 일을 당했는지 알리고 싶었던 게지. 그런데 운 좋게도 마음 좋은 다른 선생님이 날 뒤쫓아왔지. 그는 나를 캠프로 데리고 가서는 먹을 것을 주었어. 그는 나를 욕했던 선생님이 정신적으로 문제를 앓고 있으니 신경 쓰지 말라고 하더구나. 생각해보면, 그는 정신적 문제가 있었든 없었든 아이들을 지도하는 일을 해서는 안 될 사람이었지. 그래도 값진 경험을 한 셈이야. 이후로 나는 나보다 운 나쁜 사람들의 마음을 헤아릴 수 있게 되었으니 말이다. 그 사건을 겪을 땐 너무나 고통스러웠지만, 많은 것들을 얻었단다.

누구나 살면서 위와 같은 유형의 사건, 즉 인생을 결정 짓는 중요한 경험들을 한다. 이를 '개인의 지표'라고 부른다. 이런 유형의 경험들은 개개인에게 각자 다른 의미로 마음속에 자리 잡고, 향후 개인의 의사결정이나 태도, 행동 등에 영향을 끼친다. 우리가 속한 집단, 우리가 살아가는 사회에서 얻는 경험들도 우리에게 많은 영향을 미친다. 이 같은 집단의 지표는 많은 사람들이 겪는 일들이기에 우리에게 강력한 영향을 줄 것이다. 가령 미국에서는 소수인종에 속한 사람들 가운데 인종차별을 견디어온 사람이 많을 것이다. 만약 여러분 주위의 누군가가 인종차별을 경험해본 일이 있다면 인종차별을 바라보는 여러분의 관점에 영향을 줄 것이다. 즉 집단의 지표와 함께 인종과 연관된 개인의 지표가 결합하면 개인의 가치관에 강력한 영향력을 제공한다.

내가 어느 대기업에서 근무하며 겪었던 일이다. 상사 아이린[Irene]과 함께 부하직원을 뽑는 면접을 진행했었다. 여러 시험을 거친 끝에 남은 최종 지원자는 두 명이었다. 그런데 나는 직원을 뽑는 기준과 의견이 상사와 달랐지만 결국 상사의 의견을 수용해 직원을 채용했다. 그러나 얼마 지나지 않아 상사가 뽑은 직원을 해고하는 소동이 벌어졌다. 이후 상사였던 아이린은 그 사건을 두고 웃음을 지으며 "내가 큰 실수를 저질렀어요"라고 털어놓았다. 자신의 내면에 숨어 있는 편견이 직원을 뽑은 일에 영향을 미쳤다는 고백이었다. 사실 당시 최종 면접에서 나는 백인 지원자에게, 아이린은 흑인 지원자에게 마음이 있었다. 아이린은 흑인이었다. 나는 의외의 사실에 깜짝 놀랐다. 그 상사는 평소 인종차별적인 말이나 행동을 한 적이 전혀 없었기 때문이다. 무엇보다 아이린은 소수인종 몇 명이 섞인 지원자들 가운데 백인인 나를 고용하기도 했다. 아이린은 또한 유능한 인사조직 전문가<sup>HR Professional</sup>로 명성을 떨치고 있었다. 그래서 나는 그녀에게 구체적인 이유를 물었고 아이린은 채용한 직원이 흑인이어서가 아니라, 백인 지원자의 남부 억양이 자신의 깊은 곳을 찔렀다고 털어놓았다. 남부에서 어린 시절을 보낸 아이린은 백인 지원자를 보며 남부 말투에 얽힌 부정적인 경험들이 떠올랐다고 한다. 개인의 지표(부정적 경험들)와 집단의 지표(흑인)가 결합해 수년의 시간이 지난 후 공정한 판단을 내리는 그녀의 능력에 영향을 미친 것이다. 이처럼 아이린의 사례를 보면 '지표들'에 대한 바람직한 현상이 그려진다. 이런 지표들은 딸 메간이 상점에서 겪은 일처럼 우리 삶에 긍정적인 영향을 미치거나, 아이린이 남부 말투에 반응한 것처럼 부정적인 영향을 줄 수도 있다. 그러나 이런 지표들은 바뀔 수 있다. 평생 짊어지고 갈 것들이 아니라는 이야기다. 아이린은 핵심을 집어냈다. 그녀는 깨달음을 통해 배웠고 그날 이후로는 새로운 방향에서 의식적인 의사결정을 내렸다.

## ▪▪ 세대별 지표

세대별 지표란 한 세대를 특징 짓는 사건이나 문화적 현상을 뜻한다. 세대별 지표들을 통해 우리가 구매하는 상품이나 회사에 대한 기대, 행동, 사고방식 등이 형성된다. 달리 말해 우리가 삶에 대해 가지는 기대가 만들어지는 것이다. 세대별 지표들은 애사심, 직업의식 등 직업에 대한 가치관과 관념을 형성하는 요인이 되기도 한다.

나의 아버지는 '전통세대Traditional Generation' (1946년 이후 태어난 베이비부머 세대의 부모들)에 속한다. 1920년대에 성년기에 접어든 아버지는 전통세대의 주요 지표인 대공황을 겪으며 가족을 부양하기 위해 힘썼다. 당시 아버지 세대들은 공통적으로 '운이 좋아 직장을 얻는다면 나를 고용한 회사에 평생 충성해야 한다'고 믿었다. 그렇게 아버지는 신념에 따라 한 직장에서 40년 동안 일하셨고, 입사해서 퇴직할 때까지 가족들에게 무조건 아버지 회사에서 만들어낸 상품만 사라고 요구했다. 우리 가족은 그 뜻에 따라 P&G 상품만 사용했다. 여기서 잠시 Y세대(1980년 이후에 태어난 세대)의 태도와 비교해보자. Y세대의 이직률은 약 30%에 달한다(회사 고용주들은 Y세대 신입사원이 퇴근시간 이후에도 회사에 남아 있으면 다행이라고 여기기도 한다)! Y세대의 애사심 부족 현상은 여러 요인에서 비롯된다. 예컨대 그들은 많은 월급을 받고 싶어서 또는 일 자체에서 만족감과 소명

의식을 느끼지 못해 이직을 결심한다. 이직을 마치 진로 찾는 과정쯤으로 여기는 것이다. 한편으로는 여전히 부모의 영향 아래에서 생활하기에 직업 가질 생각을 아예 하지 않는 Y세대도 많다. 이런 현상은 Y세대를 특징 짓는 주요 지표와 연관이 있는데, 그들은 '헬리콥터 부모 helicopter parents'(자녀 주위를 맴도는 과잉보호 성향의 부모)의 소산이다. 3장에서 자세히 설명하겠지만, 이런 부모 아래서 성장한 아이들은 대부분 제 멋대로 하려는 성향이 강하다는 점만 우선 짚어둔다.


## ▪▪ 세대별 지표와 공감대

세대별 지표는 또한 집단의 개개인들 사이에서 고유의 결속 메커니즘으로 작용한다. 아내 CJ는 대학 시절 AT&T에서 고객정보 관리업무를 시작으로 졸업 후 고객 서비스 담당자로 일했다. CJ는 평점 4.0의 우수한 성적으로 졸업한 유능한 직원이었다. 아내는 고객들과 동료들의 인정을 받았고, 회사 안팎의 돌아가는 상황을 잘 알았다. 이에 아내의 잠재력을 알아차린 현장관리자 알바<sup>Alva</sup>가 서비스 담당과 예비관리자들을 대상으로 하는 교육을 종종 아내에게 맡겼다. 아내는 관리자들의 교육을 맡게 된 것을 영광으로 생각했지만, 여성은 관리자 양성교육을 받지 못한다는 사실을 알게 되면서 좌절했다. 알바의 위치까지 승진하겠다는 평소의 꿈을 버려야 할지 몰랐기 때문이다. 당시에 AT&T는 전국에서 여직원이 가장 많은 기업인 동시에 성차별이 굉장히 심한 기업이기도 했다. 당시의 AT&T 직원분포를 살펴보면, 실무자 층은 여성들이 많았지만, 관리자 부류는 남성들이 독차지했다. 1973년에 FCC(디 연방통신위원회)가 제기한 성차별 관련 소송에 따라 AT&T는 변화할 수밖에 없었지만, 이미 아내가 환멸을 느끼고 다른 직업을 찾아 나선 뒤였다.

아내는 얼마 전 알바를 우연히 만났다. 알바는 지금도 AT&T에서 근무한다. 성차별 관행이 사라진 이후 알바는 AT&T에서 30년간 근속한 후 임원직이 되어 있었다. 두 사람은 한때 성차별 관행으로 고생한 경험이 있었기에 순식간에 결속되었다. 둘은 회사생활의 장단점에 대해 의견을 주고받고 옛 동료들의 안부를 묻느라 시간 가는 줄 모르고 오후를 보냈다. 아내는 지금도 공통된 지표의 영향을 받은 알바와 각별한 관계를 유지하고 있다. 이처럼 세대의 지표들은 개개인을 결속해준다. 세대 결속에서 비롯되는 부정적 측면을 말하자면, 과거의 지표들을 공유하지 않은 사람들 눈에 '아웃사이더'로 비칠 수 있다는 점일 것이다.

전 세계 베이비부머 세대 대부분은 닐 암스트롱<sup>Neil Amstrong</sup>이 달에 첫 발을 내딛던 날을 기억한다. 그리고 자유진영과 공산진영으로 나뉘어 옛 소련과 경쟁하던 시절들의 긴장감도 잊지 않고 있다. 만약 오늘날 젊은이들에게 인간의 달 착륙 사건을 흥분해서 들려준다면 '당시 태어나지도 않은 나에게 무슨 소리?'라는 표정을 지을 것이다. 그들 입장에서는 달 착륙 사건이 남의 이야기일 뿐이다. 젊은 세대가 무신경하다는 게 아니다. 한 세대의 지표는 그 일을 경험하지 못한 사람들에게 영향을 주지 못한다. 그 이유는 경험하지 못했기 때문이다. 고인이 된 스티브 잡스를 잘 모르는 지금의 아이들은 그가 전 세계에 남긴 가치와 영향력에 대하여 우리가 열변을 토해내더라도 자신들의 삶의 원칙이나 의사결정 등에 반영하지 않을 가능성이 크다. 세상을 떠들썩하게 만든 인물이나 사건은 세대와 상관없이 하나의 지표가 될 수 있다.

메간이 여덟 살 때였던 것 같다. 아이가 왼쪽 팔에 난 작은 자국이 무엇인지 보모에게 물었다. 보모는 천연두 예방주사 자국이라고 설명했다. 그러자 메간이 다시 물었다. "천연두가 뭔가요?" 보모는 메간의 질문에 눈물까지 글썽이며 설명하기 시작했다. 보모의 오빠는 대공황기 시절, 소아마비를 앓았다. 대규모 예방접종을 받은 후 오빠의 몸에서 소아마비는 물론 천연두까지 말끔히 사라졌다고 한다. 소아마비와 천연두 예방주사라는 사건이 보모 개인의 지표와 결합해 그녀에게 감정적 의미를 부여한 것이다. 메간에게는 흥미롭긴 해도 기억에 남을 만한 이야기는 아닌 것이다. 메간에게는 소아마비와 천연두가 없는 세상이 너무나 자연스러운 삶의 원칙이었다.

## ▪▪ 삶의 원칙

메간이 어린 아이였을 때, 나는 매주 출장을 갔다. 출장에서 돌아오는 금요일 저녁이면 메간과 아내가 공항 출입구에 숨어 있다가 나를 깜짝 놀라게 하곤 했다. 이런 만남은 금요일 밤마다 치르는 하나의 가족의식이었다. 그러나 9·11 사태 이후에 태어난 세대는 이런 가족의식을 이제 보안구역 밖에서 치른다. 오늘날 젊은 세대의 머릿속에는 보안검색대를 통과하지 않고 곧장 공항 안으로 들어가 본 기억이 없다. 아울러 그들은 보안검색대를 통과하는 일을 하나의 원칙으로 여긴다. 이처럼 사회, 정치, 경제적 측면에서 여러 가지 사건이 우리 삶에 많은 영향을 미친다. 대부분 분별력이 완성되기 전인 어린 나이에 이 같은 사건들을 겪으며 '삶의 원칙'을 갖게 된다. 가령 인종차별이 많이 희석된 요즘 세대들은 학교에서 인종차별이 심했던 시대를 상상조차 못한다. 인종차별을 철폐하려고 몸 바친 옛세대의 희생을 실감하지 못할 뿐 아니라, 여러 가지 시민운동을 벌이고 판결 결과를 현실에 적용하기 위해 투쟁한 사실도 잘 모른다. 그러나 요즘 세대들에게 인종차별 없는 세상은 삶의 원칙이며 늘 당연시되는 일일뿐이다.

삶의 원칙은 한 세대가 다른 세대를 바라보는 관점에 영향을 미친다. 그래서 주목해야 한다. 1960년대 인권운동에 온 몸으로 저항하며 참여한 사람들은 오늘날 인권을 당연시하는 젊은이들의 태도가 못마땅할 수 있다. 거꾸로 젊은 세대 입장에서는 무작정 들이대는 투쟁성을 강조하고 그런 눈으로 세상을 바라보는 나이 많은 상사가 못마땅할 수 있다. 내가 아는 한 X세대 여직원은 '산후휴가와 복직을 허용한 회사에 매우 감사해야 한다'는 베이비부머 상사의 말에 놀란 표정을 지어보였다.


## ▪▪ 과도기 세대, 커스퍼

하나의 세대가 만들어지는 과도기에 태어난 세대를 '커스퍼 cuspers'라고 한다. 커스퍼들은 두 세대의 특징을 고루 갖고 있다. 린 랭카스터 Lynne C. Lancaster와 데이비드 스틸먼 David Stillman은 《세대들이 충돌할 때 When Generations

<sup>Collide</sup>》라는 책에서 '커스퍼들이 다양한 세대의 믿음과 관심을 공감하는 능력을 타고난다'고 밝혔다.

예컨대 디지털 컨트롤 시스템 회사에서 프로젝트 매니저로 일하는 지노<sup>Gino</sup>는 1964년에 태어났다. 그는 운 좋게 베이비부머 세대와 X세대 양쪽에 발을 딛고 있는 커스퍼다. 그는 현재 정규 전문기술직에 속하는 최고령 선임기술 고문들과 업계에 처음 발을 디딘 시간제 신입직원들 사이에서 다리 역할을 한다. 선임기술 고문들은 경력과 평판이 좋고 팀에서도 인정받는 지노를 든든하게 생각한다. 반면에 신입직원들은 지노의 경험을 존중하면서도 그가 갖고 있는 상대적 젊음에 동화되어 다른 나이 많은 직원들보다 지노를 편안하게 생각한다. 지노가 양쪽 세대와 결속이 잘 되는 이유는 '각 세대의 언어'를 잘 사용했기 때문이다. 선임기술 고문들은 '자신들의 언어'를 이해하고, 사용하는 지노를 신뢰했다. 업계의 전문용어를 잘 알고 차분히 일을 마무리하는 지노가 든든했던 것이다. 반면에 신입직원들은 경험이나 권위만을 내세우지 않는 지노를 신뢰했다. 경험이 많은 사람이라면 대부분 간부 행세를 하는 데 익숙하겠지만 지노는 전혀 다르게 처신했다.

물론 커스퍼라고 해도 누구나 두 세대의 특징을 갖는 건 아니다. 한쪽 세대의 가치를 선택하고 그에 따라 행동하는 사람들도 많다. 나의 처형인 모린<sup>Maureen</sup>은 1944년에 태어났고, 내 아내 CJ는 1947년에 태어났다. 두 사람은 전통세대와 베이비부머 세대로 나뉘는 1946년 전후에 태어난 커스퍼다. 모린은 2년제 대학을 다녔고 어린 나이에 결혼하여 곧바로 아이 셋을 낳았으며 독실한 가톨릭 신자다. 그녀는 대통령 선거에서 닉슨에게 표를 던졌고, 페리 코모<sup>Perry Cosmo</sup>와 앤디 윌리엄스<sup>Andy Williams</sup>의 음악에 심취했다. 한편 CJ는 집을 떠나 4년제 대학에 입학했고, 교회를 그만두었으며 히피 생활을 즐겼다. 그리고 닉슨의 상대였던 맥거번<sup>McGovern</sup>에게 표를 던졌다. 그리고 아내는 밴 모리슨<sup>Van Morrison</sup>과 롤링 스톤즈<sup>Rolling Stones</sup>의 음악을 즐겼다. 두 사람 모두 키스펴라 불릴 수 있으나 처형은 전통세대의 가치를, 아내는 베이비부머 세대의 가치를 따랐다.


## ▪▪ 로큰롤 세대, 오바마 세대

어떤 학자들은 세대별 특징을 특정한 시대에 나타난 고유 현상으로 설명한다. 예컨대 사람들은 '로큰롤<sup>rock & roll</sup>'이라 하면 종종 베이비부머 세대를 떠올린다. 그들이 엘비스 프레슬리<sup>Elvis Presley</sup>, 비틀즈<sup>Beatles</sup>, 지미 핸드릭스<sup>Jimi Hendrix</sup> 등의 음악을 듣고 즐기며 자랐기 때문이다. '로큰롤'이라는 말은 1950년대 초 클리블랜드의 DJ 앨런 프리드<sup>Alan Freed</sup>(로큰롤의 아버지, '문독Moondog'이라는 애칭으로 불리기도 했다)가 R&B 음악을 알리기 위한 목적으로 처음 사용했다. 최근에 관심을 모은 바 있는 중간 세대로 '긴 세대'(베이비부머 세대와 X세대 사이에 긴 세대)가 있다. 이들은 1954년에서 1964년에 태어난 이들이다. 긴 세대가 성년기에 접어든 1980년대는 사치와 허세, 퇴폐풍조가 극에 달한 시기였다. 당시 긴 세대들은 베이비부머 세대의 삶에 큰 영향을 준 1960년대와 1970년대의 투쟁을 알지 못했다. 베이비부머 세대의 마지막 사람들인 이들은 오늘날

비즈니스 세계뿐 아니라 워싱턴 정가까지 장악하고 있다. 오바마[Barack Obama](1961년생)와 힐러리 클린턴[Hillary Clinton](1947년생)의 세대를 비교해보는 것도 의미가 있다. 사실, 긴 세대는 오바마 세대[Generation Obama]라고도 부를 수 있다.

그 밖의 세대 명칭들도 있다. 일각에서 세대별 지표에 따라 세대를 정의해야 한다고 주장한다. 가령, 〈Salon.com〉의 칼럼니스트 데이브 컬렌[Dave Cullen]은 1999년 4월 20일 콜로라도 리틀톤의 콜럼바인 고등학교에서 발생한 총기난사 사건에 빗대어 Y세대를 '콜럼바인 세대'라고 불렀다. 컬렌은 그 총성이 X세대의 끝과 Y세대의 시작을 알렸다고 말한다. 한편 대통령을 인지한 시기를 기준으로, 대통령의 이름을 따 세대를 구분하는 주장도 있었다. 가령 1970년에서 1980년 사이에 태어난 사람들을 '카터 세대'라고 부르고, 마찬가지로 1970년대 말에서 1980년대에 태어난 사람들을 '레이건 세대'라고 부르듯이 말이다.


## ▪▪ 세대의 지표가 구성원들에게 미치는 영향

X세대는 대부분 학교에서 돌아온 후 텅 빈 집에서 혼자 시간을 보낸 경험들이 있다. 그들은 자신들이 직접 열쇠로 문을 따고 들어가 집에서 혼자 시간을 보냈기 때문에 '열쇠 아동'이라는 별명을 얻었다. 내 딸 메간 역시 '열쇠 아동'이었다. 왜 이런 일이 벌어졌을까? X세대가 어린 아이였을 때, 그들의 부모들(베이비부머 세대)은 30대였다. 베이비부머들은 가족을 부양하고, 부를 쌓아 성공하기 위해 애썼다. 사회적

정의와 변화에 헌신한 히피의 삶에서 장시간 노동을 하고 물질적 풍요함을 추구하는 여피의 삶으로 전환된 것이다. 열쇠 아동들은 그런 사회적 현상이 만들어낸 결과다. 물질적 풍요를 추구하는 풍토가 조성되면서 맞벌이 부부가 늘기 시작했다. 부모들은 아이들을 장시간 혼자 내버려둘 수밖에 없었다. 그래서 크게 히트한 영화 〈나 홀로 집에<sup>Home Alone</sup>〉를 본 메간의 반응은 이랬다.

"웬 소란이지? 난 아침 8시부터 저녁 6시까지 늘 집에 혼자 있었는데."

'열쇠 아동'이라는 X세대의 지표가 오늘날 사회에 미친 영향은 그들이 직장에서 강한 독립심을 발휘한다는 점이다. 그들은 어린 시절부터 자기 자신을 스스로 돌봐야 했다. 이런 점은 X세대를 관리하고 그들과 함께 일하며 살아가는 측면에서 중대한 의미가 있다. 물론 X세대들 전부가 '열쇠 아동'은 아닐 것이다. X세대라 해도 어떤 이들은 엄마나 아빠가 학교를 마치고 돌아오는 자신을 기다린 기억이 있을 것이고, 또는 방과 후 학원을 다녔거나 보모와 함께 시간을 보냈거나 친구집에서 놀던 기억이 있을 것이다. 그래도 대부분은 '열쇠 아동'이라는 사회적인 현상의 영향을 받았을 것이다. 가령 X세대라면 어린 시절 친구들과 몰려다니며 가게에 가거나 또는 혼자서 상가를 돌아다닌 기억이 있을 것이다(그러나 지금은 위험하다는 이유로 부모들은 자신들의 아이들에게 이런 행동을 허용하지 않는다). 마찬가지로 대공황기를 겪은 전통세대라 해서 모두가 경제난에 허덕이지는 않았다. 그래도 주위 모든 사람들이 생계를 유지하려고 발버둥치는 모습을 본 사람이라면 그 영향을 받는다.

1930년대에 고모할머니 조세핀Josephine이 전도유망한 사업가에게 시집을 갔다. 두 분은 지역에서 가장 크고 화려한 집에서 살았다. 컨트리클럽 회원이었던 두 분은 시장과 함께 골프를 즐기셨고 뷰익 자동차를 타고 다니셨다. 아무리 그래도 그로부터 60년이 지나 돌아가실 때까지 할머니는 수건이 너덜너덜해질 때까지 재활용하는 등 청렴하게 살다 가셨고 나와 사촌들에게 저축을 강조하셨다. 할머니가 직접 체감하지는 못하셨다 해도, 대공황이라는 사회적 상황(지표)이 할머니에게 영향을 미친 것이 분명하다.

## ▪▪ 세대 근시안

경영 컨설팅을 하다 보면 '젊은 직원들이 직업에 대한 소명이 없다'며 불만을 늘어놓는 관리자들을 종종 만난다. 이처럼 젊은 세대 전체를 한 측면에서만 바라보고 있노라면 그들이 발휘하는 엄청난 가치를 간과할 수 있다. 그들을 좋아하든 않든 젊은 직원들은 회사와 사회, 그리고 세상의 주역이다. 어느 한 세대를 다른 세대와 비교하며 오명을 씌우는 태도를 '세대 근시안generational myopia'이라고 부른다. 우리가 다른 세대의 장단점을 평가할 때 좁은 관점을 가지는 일을 경계해야 한다. 만약 여러분이 베이비부머 세대라면, 여러분은 회사에서 직무를 책임지고 완수하는 것을 철칙으로 믿을 것이다. 그렇다면 중요한 업무를 마무리 않고 퇴근시간이 되자마자 의자를 박차고 나가는 젊은 직원에게 화가 치솟을 것이다. 왜냐하면 '어른이라면 책임감을 가져야 한다'는 베이비부머 세대의 지표를 젊은 직원이 거슬렀기 때문이다. 그러나 문제의 젊은 직원은 다른 관점으로 당신을 바라볼 것이다. 그는 지금까지 살아오면서 늘 책임자의 지시만 받고 일처리를 해왔기 대문에 자신의 일을 스스로 파악하는 데 능숙하지 않다. 그래서 여러분이 젊은 부하에게 분노를 표출하는 동안, 부하는 여러분이 화내는 모습을 보며 '늙은이들이 젊은이들에게 흔히 대하는 이해할 수 없는 태도'라고 해석할 것이다.


## ▪▪ 미래의 리더들

세대 간 갈등은 경제나 환경 등에 상관없이 지속될 것이다. 이런 현실을 무시하는 기업들은 머잖아 위기에 내몰릴 것이다. 노화와 건강문제로 전통세대 사람들은 일부만 제외하곤 대부분 퇴직했다. 그리고 베이비부머 세대의 퇴직이 현실화되면서 관리자와 종업원 계층에 구멍을 만들고 있다. 실질적으로 회사에서 퇴직한 베이비부머들은 장차 무엇으로 먹고 살지 고민 중이다. 머지않아 항공기 조종사, 기술자, 의사, 사회사업가, 교수, 경영자, 임원진 같은 사회 핵심 인력 부족 현상이 벌어질 수도 있다. 눈치 빠른 기업들은 사라진 전통세대와 은퇴하기 시작한 베이비부머 세대를 대신할 X세대와 빠르게 성장하는 Y세대를 위한 리더십 교육을 준비 중이다. 그렇다면 X세대와 Y세대를 어떻게 이끌고 관리하는지가 기업의 성공을 좌우할 것이다. 한 컨설팅 기업의 조사에 따르견, 기업들 중 60% 이상이 '사내의 리더십 부재가 가장 큰 어려움'이라고 답했다.

X세대와 Y세대가 핵심 인력으로 부각되는 시점이다. 그들을 리더로 성장시키려면 그들의 생각과 가치를 잘 파악하는 일이 선행되어야 한다. X세대와 Y세대는 베이비부머 세대와는 다른 관점으로 세상을 바라본다. 〈Jobfox.com〉의 CEO 롭 맥거번 Rob McGovern은 두 세대의 동기를 자극하는 핵심 요인 네 가지를 이렇게 정리한다.

- 베이비부머 세대의 가치이기도 한 '주 5일 하루 9시간 근무'를 수용하지 않으며, 근무시간을 스스로 정할 수 있어야 최선을 다해 일한다.
- 기술의 급속한 발전에 민감하다. 진부한 기술을 버리고 지속해서 최신 기술을 익히려 하기 때문에 지속적인 기술개발에 관심이 많다.
- 미숙하거나 뭔가 모자란 사람으로 취급받기 싫어하고 당장 회사에 기여하고 싶어 한다. 젊은 직원들로 하여금 그들의 업무가 얼마나 중요하고 회사의 수익과 어떤 관련이 있는지 이해시켜야 한다.
- 일과 삶의 목표 사이에서 균형을 유지하고, 새로운 배움의 기회를 획득하며, 회사의 목표 달성에 기여한다고 느낀다면 충성스러운 '팀 플레이어'가 된다.

맥거번은 도전적인 특히 X세대에게 동기를 부여하고 의욕을 북돋는 기업이 향후 20년 간 번영을 누릴 것이라고 전망했다. 이 대목에서 이런 물음이 남는다. Y세대와 링스터 세대에게 동기를 부여하려면 어떤 준비가 필요할까?

개인적으로 내가 교훈을 얻게 된 실화를 하나 소개한다. 의견이 다른 상대방의 말을 경청하고 존중할 때, 어느 세대 어느 누구와도 좋은 인간관계를 맺을 수 있다는 교훈이다.

### 자전거 안장 사건

나는 자전거에 욕심이 많다. 자전거를 능숙하게 타지는 못해도 자전거 타기를 즐긴다. 자전거를 타고 달리며 신선한 공기를 마시면 기분이 상쾌하다. 어제도 여느 때처럼 자전거를 내몰았다. 그리고 스타벅스 앞을 지나치는데, 전통세대로 보이는 사람들이 둘러 앉아 커피 마시는 모습이 눈에 띄었다. 그들 또한 나처럼 재미있는 자전거 복장을 입고 있었다. 나는 한마디 나누고 싶어 그들 앞에 멈추었다. 서로의 안부를 묻고 행선지를 얘기하며 웃음꽃을 피우는 도중 한 사람이 내 자전거 안장을 지목했다. 내 안장은 가볍고 얇은 구조였다. 그는 자신의 자전거 안장을 가리키며 이렇게 말했다.

"이봐요, 형씨 나이면 안장을 이런 걸로 바꿔야 해요."

그의 자전거 안장은 두툼한 젤 타입에 중간이 분리된, 즉 고환의 압박을 줄일 수 있는 구조였다. 그러나 자전거를 잘 아는 사람들은 그렇게 초보자 티가 나는 푹신한 안장에 코웃음을 친다. 나는 자전거를 잘 모르지만, 그렇다고 생각 없이 안장을 고르지는 않는다. 안장에 대해 자세히 알아보다가 '자전거를 제대로 타는 사람들'이 가볍고 얇은 안장을 선호하는 확실한 이유를 알게 되었다. 첫째, 안장이 가벼워야 앞으로 나아가는 데 힘이 덜 든다. 둘째, 대둔부 양쪽 좌골에 체중이 실리기 때문에 올바른 자세로 자전거를 타게 된다(고환이 압박을 받으면 올바른 자세를 유지하지 못한다). 셋째, 16킬로미터 이상을 달려도 두툼한 안장에 앉았을 때처럼 피부가 쓸리지 않는다. 나는 이런 이유를 그에게 답했다. "그런 안장은 천천히 자전거를 즐기기에 좋지만, 16킬로미터가 넘는 장거리를 달리는 사람에게 살인무기와 같죠." 그러자 그는 '네 맘대로 해!'라고 말하고 싶은 듯 어깨를 으쓱거렸다. 곧이어 다른 일행이 말을 꺼냈다.

"이 사람 찰리는 자전거 베테랑이에요. 하루에 80킬로미터나 달린답니다. 찰리는 75세인데, 50대처럼 보이죠?"

맞는 말이었다. 찰리는 나이에 비해 젊고 건강했다. 하지만 찰리는 내게 눈길을 주지 않았다. 줄곧 딴 곳을 응시하며 나와 대화하지 않겠다는 태도를 취했다. 나는 그들과 몇 마디를 더 나누고 인사를 한 후 가던 길로 향했다. 돌이켜보니, 찰리의 의견에 너무 빨리 반응한 탓에 그에 대해 알 수 있는 기회를 놓쳤음을 깨달았다. 어찌 보면 새로운 자전거 친구를 사귈 기회를 놓친 꼴이다. 신중하게 얘기를 듣지 않고 의견을 존중하지 않으며 성급하게 내 의견을 제시했기 때문이다. 찰리는 멍청이와 더 이상 얘기할 필요가 없다는 듯 나와의 대화를 중단했다.

이 일을 통해 누구나 자신을 존중하고 자신의 얘기에 귀를 기울여주기 바란다는 사실을 깨달았지만, 노인들은 이런 경향이 유독 심하다. 그래도 노인들은 오랜 세월을 살아오면서 쌓은 지혜를 우리에게 선사할 수 있다. 그것만큼 훌륭한 선물은 없다. 이런 측면에서 찰리는 내가 나의 지식을 과시하려다가 놓쳐버린 삶의 지혜를 깨닫게 해주었다. 찰리와 그 일행들을 혹시 다시 만난다면, 태도를 달리 할 생각이다. 찰리가 내게 안장을 바꿔야 한다고 말한다면, 먼저 넓고 두툼한 안장을 선호하는 이유, 그가 좋아하지 않는 안장에 대해 물을 것이다. 그리고 자전거 타는 방식이 어떠한지, 자전거를 타고 어디를 즐겨 찾는지, 다른 안장을 사용하다가 금세 피로해진 경험이 있는지 등등도 물을 것이다. 이렇게 질문하며 상대방 의견에 귀를 기울일 것이다. 일방적으로 내 의견을 강요하거나 논쟁을 일으키고 그의 의견을 부정하지 않을 것이다. 그러고 나서 찰리가 이런 내 태도를 충분히 이해했다는 생각이 들 때, 내가 사용하는 안장과 그것이 내게 잘 맞는 이유를 설명할 것이다. 추측컨대, 그렇게 접근한다면 노련하면서도 멋진 자전거 친구가 생기지 않을까 싶다.

# 1 경쟁력을 키워야 살아남는다!

베이비부머 세대     1946~1964년

**베이비부머 세대가 기억하는 주요 사건들**

1960 존 케네디 대통령 선출 ★ 1961 쿠바 미사일 위기 ★ 1963 존 케네디 암살

1964 시민 권리법 통과 ★ 1968 마틴 루터 킹, 로버트 케네디 암살 ★ 1969 최초 달 착륙

1969 우드스탁 페스티벌 ★ 1973 워터게이트 사건 ★ 1974 석유파동 ★ 1979 이란 인질 사태

1980 존 레논 암살 ★ 1984 매킨토시 출시

**베이비부머들의 성향**

친절하고 너그러운 정신 ★ 권위에 반기를 들다 ★ 최고의 가치는 협동정신

인종차별에 관대하다 ★ TV의 영향을 받은 가치관 ★ 여성의 권리도 인정하다

정부를 신뢰하지 않는다 ★ 인종차별은 철폐되어야 한다

## •• 베이비부머 세대의 탄생

전통세대는 제2차 세계대전 때문에 아이 갖는 일을 미뤄야 했다. 그러다가 1945년 종전과 더불어 군인들이 결혼을 하여 출생률이 치솟았다. 임신과 분만관리에 대한 의료기술의 진보도 이런 현상을 부추겼다. 인공분만술이 확산되자 유산율이 확연히 줄었고, 마취 바늘tuchy needle이 개발되어 분만 시 이루어지는 경막외 마취가 수월해졌다. 임신율의 증가와 함께 스캔 기술도 발달해 임신 중에 생기는 문제를 조기에 발견했다. 뿐만 아니라 백신 개발이 활발해져 유년기 질환이 줄었고, 유아와 산모의 영양이 전반적으로 개선되었다. 그 결과 1940년에서 1960년 사이 미국에서의 유아사망률은 눈에 띄게 떨어졌다. 경제 호황도 베이비붐 탄생에 한 몫을 거들었다. 군인들이 고향으로 돌아오면서 유례없는 실업사태가 벌어져 대공황이 재현될 것으로 예상되자 불안감이 확산되었다. 그러나 이런 불안감은 기우였다. 전쟁 중 탱크와 지프, 군용트럭을 생산하던 자동차 산업은 내수용 자동차 산업으로 전환되었다. 1950년대에 미국은 전 세계 비영리 차량의 80% 이상을 생산했다. 전시에 군복을 생산한 의류업체들도 일반 의류로 생산을 전환했다. 전투식량을 생산하던 식품회사들은 냉동식품을 만들어내기 시작했다. 이렇듯 전쟁에 동원되었던 여러 업종의 기업들이 원래 모습을 되찾았고 전쟁 중 개발된 기술은 소비재와 서비스에 적용되었다. 보잉사는 B-17 폭격기에 기초한 최초의 제트여객기를 내놓았다. 좌석이 33개, 2,000피트 고도, 시속 320킬로미터의 속도를 자랑한 이 여객기는 항공 산업에 혁명을 불러 일으켰다.

전쟁 당시에 억눌려 있던 상품에 대한 수요가 산업의 전환을 초래했다. 집으로 돌아온 군인들이 가정을 꾸리면서 세탁기, 건조기, 주방기기, 가구, 의류, 식탁, 유아용 침대, 잔디기계, 자동차 등에 대한 수요가 높아졌다. 미국의 제조 산업은 호황을 맞았다. 만들기만 하면 팔려나가는 식이랄까… 유럽과 아시아의 산업 복합체들이 전쟁으로 고사당했지만, 미국 산업체들은 고스란히 남았다. 무엇보다도 전후 가정을 꾸린 사람들에게 집이 필요했다. FHA<sup>Federal Housing Administration</sup>(연방 주택관리국)가 정책을 집행하고 제대군인원호법<sup>GI Bill</sup>이 적용되면서 신혼부부들이 모기지를 통해 집을 구입하는 일이 수월해졌다. 그리고 주택건축 붐이 일었다. 1940년, 미국 가정의 43.6%가 집을 보유했다. 1960년 이 수치는 61.9%까지 껑충 뛰어올랐다. 하룻밤 사이에 벌어진 일로 보여도 주요 도시에서 택지개발 붐이 일기 시작하여 교외 지역에 새로운 환경이 조성되었다. 전쟁 중에는 고작 8곳에 불과했던 쇼핑센터도 1960년에는 무려 3,840개로 늘어났다. 베이비붐은 대개 애정에 굶주린 군인들이 외로운 밤을 보내던 아내와 여자 친구에게 돌아가면서 일어났다. 1946~1965년 사이에는 출생률이 폭발적으로 증가하면서 베이비부머들이 탄생했다.

## ▪▪ 베이비부머들의 성향 1　　　　친절하고 너그러운 정신

### 스폭 박사의 유아와 소아 돌보기

1946년 벤자민 스폭<sup>Benjamin Spock</sup> 박사가 출간한 책《Dr. Spock's Baby and Child Care스폭 박사의 유아와 소아 돌보기》를 통해 전통세대는 자녀들(베이비부머들)의 양육을 바라보는 관점을 바꾸었다. 이전까지만 해도 아이들의 버릇이 나빠진다는 이유로 아이들에 대한 감정과 애정을 자제해야 한다는 것이 일반적인 생각이었다. 아이들은 잘 자라면 그만이지 얘기를 귀담아 들어줄 존재는 아니었다. 스폭 박사의 책은 이런 패러다임을 뒤집었다. 스폭 박사는 아이들에게 애정을 표출하고 아이들과 대화하고 아이들로 하여금 생각을 표현하도록 해야 한다는 점을 부모들에게 알렸고, 아이들이 행복한 어린 시절을 보내야만 올바른 성인으로 성장한다는 생각을 확산시켰다. 또한 스폭 박사는 육아가 즐거워야 한다고 강조하면서 아이들이 즐거워하고 욕구와 희망을 충족할 수 있는 진로를 따르도록 부모들이 이끌어야 한다고 밝혔다. 스폭의 관점은 당시 대다수 육아 관련 서적에서 내세운 차가운 권위주의적 시각과 완전히 다른 것이었다. 그는 이외에도 풍부한 의학적 권고를 비롯하여 다양한 육아지식을 친근하면서도 이해하기 쉽도록 설명했다. 그 결과, 《유아와 소아 돌보기》는 세계적인 베스트셀러가 되었고 전 세계 40개 이상의 언어로 번역되어 5,000만 부 이상 팔려나갔다. 〈라이프Life〉 잡지는 스폭 박사를 20세기에 가장 영향력 있는 100인 중 1인으로 선정했다. 그러나 공교롭게도, 아이들이 소중하고 축복받은 존재이며 최대한 교육을 받아야 한다는 스폭의 철학은 아이들이 자라 대학에 가고, 베트남전쟁 반대 시위를 벌이면서 비난의 표적이 되었다. 스폭은 미국의 한 세대 전체를 망쳐놨다는 비난에 휩싸였고 평생 그 짐을 안고 살았다.

## 친절하고 너그러운 정신

베이비부머들은 스폭 박사의 영향을 받은 자신들의 부모들로부터 자신들이 특별하다는 메시지를 끊임없이 받으며 자란 탓에 뚜렷한 이유도 모른 채 자신들의 모습을 확신했다. 이렇게 성인기에 접어든 베이비부머들은 내면의 탐구에 몰두하며 자아를 발견하고, 삶의 영적 의미를 찾으려 했다. 물론 대다수 부모들이 자식들에게 학비를 꼬박꼬박 대준 것도 이유가 된다. 하숙비나 식비를 걱정할 필요가 없을 때 시민권, 전쟁반대 시위, 진정한 영적 자아의 발견 등과 같은 지적 주제에 더 많은 관심을 기울이게 되니까 말이다. 그런데 직장에서 은퇴하기 시작한 베이비부머들은 또다시 삶의 수수께끼에 대한 탐구에 들어가고 있다. 젊은 시절에 자아를 발견했든 않았든, 그들은 대부분 결혼해서 가정을 꾸리고 경력을 쌓아나가고 이혼 소송을 하고 아이들을 더 가졌다. 지금, 나이가 들어서 그들은 다시 한 번 자신들을 넘어서는 우주에 대해 탐구한다. 전통 종교를 다시 믿는 사람들이 있는가 하면, 삶의 영적 문제들에 대해 비관습적인 답을 구하는 사람들도 있다. 결론적으로 베이비부머들은 대부분 더 나은 세상을 만드는 데 관심이 많다. 그래서 베이비부머 고객에게 상품을 홍보하거나 베이비부머 상사에게 의견을 제시할 때에는 핵심을 말하는 것에 더하여 상품이나 프로젝트, 그리고 아이디어가 살기 좋은 세상을 만드는 데 기여하리라는 점을 강조하면 도움이 될 수 있다.


## ▪▪ 베이비부머들의 성향 2　　　권위에 반기를 들다

**베이비부머, 래리의 기억 | 소련이 핵공격을 한다!**

베이비부머들이 잘 기억하지 못하지만, 그들에게 지대한 영향을 미친 또 다른 지표가 있다. 1950년대의 일이다. 내가 어린 아이였을 때, 토요일 정오만 되면 소련의 침공에 대비한 공습경보가 울렸다. 학교에서 핵 공격에 대비한 방공훈련을 했던 기억도 난다. 우리는 선생님의 지시에 따라 책상 아래에 쭈그리고 앉았다. 핵폭탄이 터지면서 나오는 섬광이나 유리 파편에 눈이 멀지 모르기 때문에 창문은 절대로 쳐다보지 않았다. 네바다 사막에서 핵폭탄을 터트리는 영상을 보니 그럴 만한 이유가 있는 것 같았다. 핵폭탄 낙하점 주위에 가짜 건물들이 있고 주변에 마네킹과 차량이 놓여 있었다. 핵폭탄이 떨어지면서 뻗어져 나오는 섬광의 충격파가 휩쓸고 지나가는 모습을 느린 동작으로 볼 수 있었다. 건물들은 무너져 내렸고 마네킹과 차량들은 증발해버렸다. 나는 똑똑하진 않았지만, 핵폭탄의 위력 정도는 충분히 알 수 있었다. 창문을 쳐다봐야 하느냐 마느냐는 별로 중요한 문제가 아니었다. 모두 죽는다는 사실이 중요했다!

이런 인식을 계기로 내 삶에서 비중 있는 사람들이 내게 해준 말에 대해 처음으로 의문을 가졌다. 핵공격의 위력에 대해 거짓말을 했든지, 그에 대해 전혀 몰랐든지 둘 중 하나였다. 아무튼 기분이 찜찜했다. 당시 내 나이는 아홉이었다. 그때부터 고등학교와 대학을 다니는 내내 세상에 머지않아 종말이 오고 서른을 넘기지 못하고 죽으리라는 상상을 자주 했다. 이런 두려움은 연방정부가 집 앞마당에 대피소를 설치하라고 권고할 때 더욱 심해졌다. 민방위 당국에 따르면, 가정에서 손수 콘크리트 블록 공사를 하는 비용은 150달러에서 200달러에 육박했다. 지금은 부담이 안 되는 적은 돈이지만, 당시 우리 집은 고작 60달러였던 월세조차도 내기 어려운 형편이었다. 부모님이 200달러나 들여가면서 대피소를 지을 일은 없었다. 내 예상은 적중했다.

1960년에 니키타 후르시초프 Nikita Khrushchev 서기장이 신발을 벗어 연단을 두드리며 소련이 우리를 묻어버릴 것이라고 선전포고했던 모습도 도움이 되지 않았다. 1963년 쿠바 미사일 위기에 더해 소련과의 핵전쟁이 임박했을 때, 이런 생각을 했던 것으로 기억한다.

"드디어 종말이 왔구나."

## 권위에 반기를 들다

대다수 베이비부머들에게 1960년대는 자신들을 가르치고 교육한 사람들과 기관들에 대한 환멸과 실망으로 얼룩진 시대였다. 성인기를 보내면서 베이비부머들은 그들의 부모, 교사, 종교지도자, 정치인 등의 약점과 결점을 보기 시작했다. 어느 정도 성인이 되어가는 과정을 밟은 셈이다. 완벽해 보이던 부모의 모습이 그렇지 않다고 깨달을 때 성인이 되었다고 하지 않는가. 그런데 핵무기 경쟁에서 유발된 운명론과 냉소주의로 인해 이런 감정이 악화되었고, 케네디와 마틴 루터킹, 로버트 케네디의 암살과 켄트 대학교 반전시위 학살 사건으로 기존 권위에 대한 의문이 증폭되었다.

## ▪▪ 베이비부머들의 성향 3          최고의 가치는 협동정신

### 학교의 과밀화

인구 통계학에서 제2차 세계대전 전후에 출생한 베이비부머들을 비단뱀이 삼킨 코끼리에 비유한다. 수많은 베이비부머들이 학교에 들어가기 시작한 무렵, 학교 시스템이 비단뱀 속 코끼리처럼 터져나갈 것 같았던 상황을 비유한 것이다. 미국의 경우 1947년부터 1956년까지 8개 학년을 통틀어 학생 수가 최초로 50%나 늘어났다. 어느 학교에 가더라도 학생들이 넘쳐났고, 학생들이 학용품과 책, 심지어 책상까지 나눠 쓰는 일이 흔했다. 1950년대 캘리포니아에서는 평균적으로 매주 학교 한 곳이 문을 열었지만, 그래도 학생들을 수용할 교실이 턱없이 부족했다. 지금의 미국 공립학교들 중 45%는 1950년에서 1969년 사이에 생겨났다.

## 최고의 가치는 협동정신

학생들로 북적거리는 학교에 다니면서 베이비부머들은 협동정신의 가치를 재빨리 습득했다. 이때부터 교우와의 협동과 원활한 관계가 성적표의 평가항목에 포함되기 시작했다. 그와 더불어 남학생들은 농구나 야구, 축구처럼 협동해야 하는 운동을 즐겼고, 여학생들은 치어리더로 활동하거나 클럽 활동을 즐겼다. 이런 활동을 통해 베이비부머들은 팀워크를 습득했으며, 대학 캠퍼스에서 사회운동을 펼치면서 팀워크의 가치를 깨달았다. 평범한 길을 택한 학생들은 팀워크를 통해 연구과제를 원활히 해결했다. 동아리나 여러 모임 활동도 팀워크를 배우는 훌륭한 수단이 되었다. 베트남전에 참전한 사람들은 팀워크가 생존에 필수라는 사실을 빨리 깨우쳤다.

베이비부머들이 직장에서 관리자의 위치에 올라가기 시작한 1980년대를 살펴보자. 팀워크는 회사의 경영에서 결코 빼놓을 수 없는 가치로 인식되기 시작했다. 이 시기에 품질관리 서클<sup>quality circle</sup>(품질의 관리 향상을 위해 의견을 나누는 그룹), 최고 수행팀, 자율관리팀, 집행팀이라는 말들이 처음 생겨났다. '언제나 한 팀으로'라는 말을 기억하는가?

1980년대 이전만 해도 대다수 기업들이 상의하달 식의 명령 및 통제체계로 조직을 운영했다. 경영진이 의사결정을 주도했고, 직원들은 군말 없이 경영진의 결정을 따라야 하는 식이었다. 그러다가 베이비부머들이 관리자의 자리에 오르면서 이런 체계가 바뀌기 시작했다. 〈포춘〉1,000대 기업을 대상으로 한 1987년 조사에서 기업들 중 70%가 문제해결에 팀 모델을 채택했고, 20%가 업무처리에 자율관리팀 모델을 적용했다. 6년 뒤 다시 조사를 실시한 결과, 문제해결틑 모델을 채택한 기업은 98%까지, 자율관리팀 모델을 채택한 기업은 68%까지 증가했다. 협력 부분에서 베이비부머들을 따라올 세대는 없다. 베이비부머들이 그만큼 팀워크를 잘 발휘하고 일에서 다른 사람들과 조화를 잘 이룬다. 협력을 중시하는 베이비부머들의 가치관은 인간관계를 굳건히 하는 데 도움이 될 것이다.


**▪▪ 베이비부머들의 성향 4**　　　　　인종차별에 관대하다

### 브라운 대학교 교육위원회 사건

이런 역사적 판결이 나왔을 때 지금 직장에서 최고 연령층인 베이비부머들은 일곱 살에 불과했다. 그래서 베이비부머들 중 이 사건을 기억하는 사람은 거의 없다. 그럼에도 이 사건은 미

국 교육과 베이비부머들의 삶에 결정적인 영향을 미쳤다. 사건을 들여다보면, 캔자스 주 토피카의 NAACP(전미 유색인 지위 향상 협회) 지부의 지원을 받은 원고 고소인 올리버 브라운<sup>Oliver</sup> <sup>Brown</sup>이, '분리하되 평등'이라는 원칙에 따라 학교의 분리교육(주의 몇 개 도시에서)을 허용하는 1879년 캔자스 주법에 대해 위헌소송을 냈다. 브라운이 포함된 13명의 고소인들은 백인 아이들의 학교에 입학을 신청했다가 거부당한 흑인 아이들(20명)의 부모들이었다. 이에 법원은 캔자스 주법이 모든 시민이 법의 평등한 보호를 받아야 한다는 헌법 14조에 위반된다는 사실을 발견했고, '분리하되 평등'이라는 원칙이 평등을 보장하지 않는다는 판결을 내렸다. 이후 '분리하되 평등'이라는 말은 판례의 상징이자 이 사건에 뒤따른 시민권리운동의 슬로건이 되었다. 이 사건의 판결은 미국 교육의 지평을 영원히 바꿔 놓았다. 물론 법원에서 곧바로 이런 판결을 내린 것은 아니었다. 소송을 거듭하고 인종차별을 철폐하려는 시도를 벌이는 가운데 30년이 흐른 1980년대 중반이 되어서야 문제가 다소 해결되는 듯했다.

베이비부머들에게 '브라운 대학 교육위원회 사건'은 인종 평등을 법적으로 인정한 진일보였다. 이 사건의 판결은 1960년대에 대학생이 된 백인 베이비부머들에게 이 사건이 아니었다면 느끼지 못했을 법적 정당성을 제시했다. 결국, 분리교육이 헌법에 위배된다면 식당이나 버스에서 흑백이 분리되는 것 또한 헌법에 위배되는 셈이었다. 대다수 흑인 베이비부머들은 당연히 이 문제를 심각하게 받아들였지만, 이에 대한 법적 정당성을 요구하지 못할 것 같았다. 그렇다 하더라도 브라운 대학 교육위원회 사건은 시민권리 운동에 법적 무게를 실었다.

1970년대에 부모가 된 베이비부머들에게 학교 인종분리 철폐는 개인에게 직결되는 문제였다. 브라운 대학 교육위원회 사건 판결에 따라 많은 학교들이 강제버스 통학(백인과 흑인의 균형을 맞추기 위해 아동을 거주 지역 밖의 학교로 보냄)을 실시했다. 이에 백인 부모들이 심하게 반발하고 나섰다. 1974년에 루이스 데이 힉스Louise Day Hicks가 주도한 ROARRestore Our Alienated Rights(인종차별 철폐 반대 단체, 강제버스 통학에 반대했다)라는 단체를 눈여겨볼 만하다. ROAR은 거리행진, 자동차행렬, 항의시위 등을 통해 NAACP를 비롯한 흑인단체들과 맞서며 강제버스 통학을 중단하라고 촉구했다. 그러나 결국에는 학교들이 인종차별을 어느 정도 철폐하면서 오늘날에 이르렀다.

## 인종차별에 관대하다

미국 사회에서 인종차별은 완전히 사라지지 않았으나 확연히 줄었다고는 말할 수 있다. 수많은 남부 도시들이 '재건 기간(남북전쟁 후 1865년에서 1877년 사이 남부 여러 주州를 연방聯邦에 복귀시키기 위해 정치·경제·사회적 조치를 취했다)' 동안 흑인을 시장으로 선출한 이래, 1967년 이전까지 미국의 대도시에서 흑인이 시장으로 당선된 적이 한 번도 없었다. 그러나 1967년에 연방대법원이 흑인과 백인의 결혼을 불법으로 규정한 버지니아 주의 인종보존법Racial Integrity Act을 철폐했다. 그 후로 흑인과 백인의 결혼은 1970년에 6만 5,000건에서 2005년에 42만 2,000건으로 늘어났다. 이런 변화와 더불어 2008년에 미국 역사상 최초로 흑인 대통령 오바마가 탄생했다.

브라운 대학 교육위원회 사건의 판결은 현대에 연방대법원이 인종차별법을 철폐한 최초의 사례로서 눈부신 변화의 시작점이라고 볼 수 있다. 서굿 마셜 Thurgood Marshall (브라운 대학 교육위원회 재판을 승리로 이끈 판사) 판사, 1964년에 시민 권리법 Civil Rights Act.을 제정한 린든 존슨 Lyndon Johnson 대통령, '꿈'을 실현한 마틴 루터 킹 목사처럼 뜻있는 전통세대들이 변화를 주도했지만, 거리를 행진하며 항의시위를 벌이고 끊임없이 인종차별 철폐를 외친 베이비부머들이 패러다임의 극적 전환에 대한 공로를 인정받는다.

사무절차를 간소화하든 생산적 조직 문화를 정착시키든 사회에 기여하는 조직의 사명을 제정하든, 베이비부머들은 변화를 수용하는 일 자체를 중시하는 세대로 거듭났다. 직장에서 함께 일하는 베이비부머들에게 프로젝트나 추진과제가 어떻게 더 나은 방향으로 변화를 이끌지 설명한다면, 그들은 지원을 아끼지 않을 것이다.


**▪▪ 베이비부머들의 성향 5**    TV의 영향을 받은 가치관


### 세대의 아픔을 반영한 TV

1954년, 미국 가정의 54%가 TV를 보유했다. 1960년, 이 수치는 90%까지 올라갔다. 오락은 사회의 가치를 반영한다.

1950년대는 미국인들에게 흔히 평화로웠던 시대, 시민들이 고통을 겪을 일이 거의 없었던 시대로 기억된다. 물론 한국전쟁, 맥카시의 마녀사냥, 헝가리 자유혁명에 대한 소련의 거친 압박, 피델 카스트로Fidel Castro가 바티스타 정권을 몰아낸 일 등을 고려하지 않는 한 말이다.

1950년대에는 전설의 앵커 에드워드 머로Edward R. Murrow와 그의 뉴스팀의 저녁 뉴스가 큰 인기를 끌었다. 이런 황금 시간대의 프로그램은 미국인들의 삶을 독특하게 그렸다. 당시에 젊은이들은 지금도 소중히 하는 가치들을 TV를 통해 습득했다. 데이비 크로켓Davy Crockett(미국의 전설적 개척가이자 정치가)은 결코 거짓말을 해서는 안 되는 이유를 보여주었다. 멕시코 영웅 시스코 키드Cisco Kid와 판초Pancho는 인종의 다양성을 설파했다. 오지와 해리엇(시트콤 〈오지와 해리엇의 모험Adventure of Ozz e and Harri- et〉에 등장하는 부부)은 전후 미국 핵가족의 전형을 보여주었다. 루실 볼Lucille Ball과 데시 아나즈Desi Arnaz는 혼혈 결혼이 얼마나 기쁜 일인지를 알려주었다.

이렇게 자극적이지는 않지만 건전한 오락은 〈앤디 그리피스 쇼Andy Griffith Show〉, 〈그녀는 요술쟁이Bewitched〉, 〈길리건의 섬Gilligan's Island〉, 〈내 사랑 지니Dream of Jeannie〉, 〈사랑하는 세 아들My Three Sons〉 등의 프로그램과 함께 1960년대에도 지속되었다. 〈환상특급Twilight Zone〉과 〈스타트랙Star Trek〉처럼 혁신적·창조적 사고가 돋보이는 시리즈물도 나왔다. 그러다가 1960년대로 들어서는 TV에서 혼란스런 사회상을 반영하기 시작했다. 반정부 시각으로 2년을 방송하다가 네트워크 검열을 거부해서 부당하게 폐지된 〈스마더스 브라더스 코미디아워The Smothers Brothers Comedy Hour〉처럼 〈래프 인Laugh-In〉은 정부의 정책에서부터 각종 사회 트렌드에 이르기까지 모든 것에 재미를 보탰다. 1971년에 〈올 인 더 패밀리All in the Family〉가 방영된 데 이어 〈더 제퍼슨The Jefferson〉, 〈메리 타일러 무어 쇼The Mary Tyler Moore Show〉, 〈마우드Maude〉 등에서 편견, 인종, 여성의 자유, 낙태 등의 문제를 다루었다. 한편 저녁 뉴스에서는 베트남에서 극심한 가뭄으로 인한 폭력사태를 전례없이 높은 수위로 생생히 보여주었다. TV의 영향을 받은 베이비부머들처럼 TV 프로그램도 진화를 거듭하며 붐을 이어갔다.

## TV의 영향을 받은 가치관

펜실베이니아 대학 커뮤니케이션 스쿨의 학장 조지 거브너George Gerbner와 동료 학자들은 "TV는 집중화된 스토리텔링 시스템이다"라고 했다. 드라마, 광고, 뉴스를 비롯해 각종 프로그램이 비교적 응집된 이미지와 메시지를 모든 가정에 전달한다는 의미다. 우리의 성향과 선호는 주로 다른 '주요한 원천'에서 비롯되지만, 어려서부터 이런 시스템을 통해 형성되기도 한다. 달리 말해 우리의 세계관에 영향을 미치는 가족, 동료나 친구, 종교, 학교를 TV가 대체할 수 있다는 의미다. '좋았던 옛시절'에 대한 향수에 젖거나 그 좋았던 시절에 기반이 된 것들을 불신하는 것을 볼 때, 베이비부머들은 TV가 세계관에 영향을 미치는 과정에서 최초로 수혜를 입었거나 희생을 당했던 셈이다.

### X세대, 메간의 기억

여섯 살 때였다. 베이비부머 세대인 우리 어머니는 '때론 일에 최적격인 사람이 여성입니다'라고 적힌 티셔츠를 가지고 계셨다. 그 티셔츠에는 이 슬로건 아래로 작업복을 입은 모나리자 그림이 그려져 있었다. 나는 그 모나리자 그림을 무척 좋아했다. 바지 한 벌이 있었는데 모나리자 티셔츠와 잘 어울려서 함께 입으면 좋을 것 같았다. 그런데 티셔츠에 적힌 슬로건의 의미가 궁금하여 어머니에게 물어봤다. 어머니는 이렇게 설명해주셨다. "여성 구직자가 남성 구직자만큼 일을 잘 한다는 의미란다."

나는 무슨 말인지 도무지 이해하지 못했다. "그렇긴 한데, 흠… 여성이 남성만큼 일을 잘 한다는 것은 당연한 말인데…" 나는 여성이 차별대우를 받는다는 것을 상상조차 하지 못했던 것이다.

### '여성의 신비'

1963년에 베티 프리단<sup>Betty Friedan</sup>이 《여성의 신비<sup>The Feminine Mystique</sup>》를 내놓았고, 같은 해 케네디 대통령이 성별에 상관없이 동일한 임금지불을 보장하는 동일임금법안<sup>Equal Pay Act</sup>에 서명했다. 다음 해, 존슨 대통령은 시민권리법안에 서명했다. 이로써 인종, 피부색, 종교, 성별, 국적에 따른 차별이 법적으로 금지되었다. 이 세 사건은 남녀평등에 대한 베이비부머들의 태도에 영향을 미친 중요한 지표가 되었다. 1942년 스미스 대학을 최우등으로 졸업한 베티 프리단은 1947년에 칼 프리단<sup>Carl Friedan</sup>과 결혼한 이후 2년간 신문기자로 활동하다가 전업주부로 변신했다. 스미스 대학의 동창회에 참석한 지 15년이 되었던 1965년, 프리단은 동창생 200명을 대상으로 조사를 벌이면서 전업주부인 동창들이 대부분 생활에 만족하지 못하는 사실을 발견했다. 프리단은 이런 발견에서 영감을 얻어 《여성의 신비》를 쓰게 되었다. 《여성의 신비》는 여성들이 주부로 삶을 보내면서 느끼는 불만족을 소재로 다루었다. 프리단은 여러 여성잡지의 기사들을 제2차 세계대전 전후로 나누어 비교하면서, 전쟁 전에는 잡지들이 직업에 종사한 자신감 넘치고 독립적인 여성들의 이야기를 많이 다룬 데 반해, 전후에는 결혼과 엄마 노릇을 중시하는 '행복한 주부들'의 이야기를 주로 다루었다고 밝혔다. 프리단은 주부라는 여성성의 전형을 '여성의 신비'라고 묘사했다. 그리고 그녀는 이런 '이상적 여성'의 모델을 스스로 수용하는 모습을 표현했으며, 지그문트 프로이트 <sup>Sigmund Freud</sup>부터 매디슨 가<sup>Madison Avenue</sup>(미국 광고업계)까지 자신과 다른 사람들이 똑같은 선택을 내리는 데 영향을 미친 다양한 요인들을 조사했다. 책은 여성들을 위한 '새로운 인생 설계'를 그리면서 마무리되었다.

《여성의 신비》는 세상에 나오자마자 베스트셀러가 되었다. 이후 프리단은 NOW<sup>National Organization for Women</sup>(전미여성기구)의 출범을 도왔다. 이 책이 출간된 이후 저메인 그리어 Germaine Greer 의 《거세된 여성 The Female Eunuch》, 엘리자베스 굴드 Elizabeth Gould Davis 의 《제 1의 성 The First Sex》, 보스턴 여성 건강서 공동체 Boston Women's Health Book Collective 의 《우리 몸, 우리 자신 Our Bodies, Ourselves》 등이 잇따라 출간되었다.

그 다음, 미국 최초의 여성주의 잡지 〈미즈. Ms. 〉가 창간되었다. 본래 〈뉴욕타임즈〉에 삽입되었던 〈미즈.〉는 여성에 대한 불평등 임금, 여성의 직업 기회, 직장 내 성희롱 등의 문제를 다루는 월간잡지로 거듭났다. 1972년 7월, 〈미즈.〉가 출간되자 뉴스앵커 해리 리즈너 Harry Reasoner 가 "6개월도 안 되어서 밑천이 다 떨어질 것이다"라고 악평을 내놓았다. 그러나 〈미즈.〉는 몇 주만에 2만 6,000부가 팔렸고, 2만 통이 넘는 독자들의 편지가 전달되었다. 판매부수는 1980년 대 중반 55만 부까지 치솟았다. 거의 40년이 지난 지금 〈미즈.〉는 최강의 잡지는 아니지만, 여전히 분기 발행부수 11만 부를 자랑하고 있다. 1950년대와 60년대에, 여성들은 똑같은 일을 하는 남성들보다 대략 30%나 적은 급여를 받았고, 남성과 여성의 일이 구분되어야 한다는 것이 일반적인 통념으로 통했다. 이런 이분법은 다 다수 신문광고에서 확연히 드러났는데, 광고란에 성별에 따라 일자리가 나뉘어 있었고, 남성들에 비해 여성들이 받는 급여가 훨씬 낮게 표시되어 있었다. 그러다가 1963년에 동일임금법이 제정되면서 성별에 따른 급여 차이가 불법으로 인정되어 개선되었지만, 신문광고에서 드러난 고용 성차별의 문제는 제기도 지 않았다.

1964년, 시민권리법이 국회에서 통과되었을 때, 여권주의자들은 고용 성차별을 금지하는 수정안을 포함시키려고 열심히 물밑 작업을 벌였다. 수많은 논쟁 속에서 결국 인종, 피부색, 종교, 국적을 비롯해 성별에 따른 고용 성차별을 불법으로 하는 시민권리법 7편 Title VII이 법에 추가되었다. 이어서 1965년에 Title VII를 시행하기 위해 EEOC Equal Employment Opportunity Commission (평등고용 추진위원회)가 발족되었다. EEOC의 발족을 추진한 사람은 다름 아닌 베티 프리단과 여권주의 활동가 동료들이었다.

## 여성의 권리도 인정하다

아이젠하워 대통령이 〈뉴욕타임즈〉 기자로부터 '여자가 대통령이 될 수 있느냐?'는 질문을 받고 답변을 하자 장내에 웃음이 터졌다. "여성들은 분별력이 뛰어나 대통령을 하고 싶어 하지 않습니다." 아이크 Ike (아이젠하워)는 이렇게 기막힌 답변으로 질문을 피해갔다. 1954년의 일이다. 지금까지 미국에서 여성 대통령은 탄생하지 않았다. 2008년에는 힐러리 클린턴이 대선에 출마했지만, 안타깝게도 낙선했다. 다음과 같이 진보는 천천히 이루어지고 있다.

- 당시만 해도 연방대법원에 여성 법관이 한 명도 없었다. 이 책을 쓰는 지금 두 명의 여성 법관이 있다.
- 당시만 해도 여성 의원이 미 하원에 12명, 상원에 3명밖에 없었다. 지금은 여성 의원이 하원에 76명, 상원에 12명이 있다.

- 1954년에 여성 주지사는 한 명도 없었다. 지금은 6명이나 된다.
- 1969년에 미국 의대의 여학생 비율이 19%에 불과했지만, 지금은 48% 정도 된다.

이런 진보의 상당 부분은 《여성의 신비》의 출간을 비롯해 NOW(전 미여성기구)의 활동, 동일임금법과 시민권리법을 통과시키기 위해 투쟁한 여권주의 활동가들과 꿈을 가진 지도자들의 지칠 줄 모르는 헌신이 있었기에 가능했다. NOW의 활동과 여성 운동이 완전했다는 말이 아니다. 많은 종교지도자들과 보수주의자들이 피임이나 낙태, 여성의 '적절한' 역할에 대한 여권주의자들의 태도를 헐뜯었다. 여권운동을 지지하는 문제를 떠나서, 오늘날 여성들이 남성들과 동등한 대우를 받으며 일하게 된 데 대해 베티 프리단과 여권주의 활동가들의 공로를 무시할 수 없다. 성공한 베이비부머 여성과 긍정적인 관계를 맺고 싶다면, 그녀에게 조직에서 어떻게 높은 위치까지 올라갔는지를 먼저 물어보기 바란다. 도전과 고난 끝에 성공에 이른 얘기에 공감하면서 진로를 개척해나가는 데 필요한 지혜를 얻을 것이다. 다른 건 몰라도 그녀는 자신을 향한 관심에 고마워하면서 많은 조언을 해줄 것이다.

**▪▪ 베이비부머들의 성향 7**　　정부를 신뢰하지 않는다

### 워터게이트 사건과 베트남 전쟁

1972년 6월 17일 이른 시각, 워싱턴의 워터게이트 호텔 민주

당 본부와 오피스 콤플렉스Office Complex에 침입한 괴한 다섯 명이 도청장치를 설치하려다 발각, 체포되었다. 괴한들은 닉슨의 재선을 획책하려 한 비밀공작반으로 정체가 드러났다. 연이은 증언과 도청을 지시한 내용이 기록된 테이프는 닉슨이 미국 대중에게 거짓말을 했음을 증명하는 증거들이었다. 고소, 부인, 심문으로 얼룩진 2년이 흐른 1974년 8월 9일, 리처드 닉슨Richard Nixon은 탄핵에 대한 위협과 머릿속을 맴도는 신념에 못 이겨 대통령직에서 불명예 사임했다.

한편, 8년을 끌어온 베트남전은 막을 내렸다. 5만 명이 넘는 미국인들을 비롯해 헤아릴 수 없이 많은 베트남 시민들이 전쟁에서 죽어갔다. 이처럼 피로 얼룩지고 남을 게 없는 기나긴 전쟁을 종결한 것은 닉슨이 대통령으로서 이룬 업적으로 꼽힌다. 전쟁의 종결은 베트남에서 세상의 반만큼 떨어져 있는 나라 미국에 혼란을 일으켰다. 미국은 찬성과 반대로 나뉘어 분열되었다.

## 정부를 신뢰하지 않는다

베트남전과 워터게이트 사건으로 미국 정부에 대한 베이비부머들의 신뢰가 깨지고 말았다. 전쟁에 반대하는 쪽에서는 베트남의 부패한 정부를 무너뜨리기 위해 생명과 자원을 바치는 것이, 전쟁에 찬성하는 쪽에서는 군사지도자들이 확실히 승리를 거두지도 못하면서 현상 유지만 하는 것이 어리석은 짓이라고 여겼다. 한편 워터게이트 사건으로 미국 지도자들이 부패하고 무능력하다는 인식만 강화되었다.

2002년 AARP(미국퇴직자협회)가 1970년대에 실시한 전화조사와 2002년에 실시한 인터넷 조사를 비교분석했다. 질문은 똑같았다. 조사결과는 베이비부머들이 여전히 정부에 대한 환멸에서 벗어나지 못하고 있음을 보여주었다. 1970년대의 조사에서 베이비부머들의 3%만이 정부를 신뢰한다고 답했고, 30년이 지난 후 그 수치는 두 배인 6%로 높아졌다. 수치만 봐서는 상당한 개선이 이루어진 것처럼 보이겠지만, 6%라는 수치는 아무 의미도 없다. 물론, 직접 참전했거나 연인이 베트남전에 참전했다면, 베트남전이라는 사건이 자신에게 상당한 영향을 미쳤을 것이다. 국가에 의무를 다했음에도 불구하고 참전 군인들은 종종 영웅이 아닌 악한으로 취급당한다. 참전 군인들은 '아기 살해자' 또는 '전쟁광' 소리를 들으며 전쟁이 민간인들에게 일으킨 울분의 표적이 되었다. 게다가 정부는 이런 현실을 그다지 개선하지 못했다. 베트남전은 아직도 참전 군인들과 그 가족들의 삶에 강력한 영향을 미치는 중대 사건으로 통한다.

워터게이트 사건과 베트남전을 비롯해 1960년에서 1970년대에 벌어진 사건들을 보며 베이비부머들은 정부관료들을 비롯한 권력자들의 약속을 의심의 눈초리로 바라본다. 반면에 베이비부머들이 같은 세대 사람들을 신뢰하는 수준은 상당히 높다. 정치학자 에릭 우즐라너Erick M. Uslaner는 이와 관련하여 《신뢰의 도덕적 기초The Moral Foundation of Trust》라는 저서에서 "베이비부머들이 1970년대 초 서로를 신뢰하는 수준이 급격히 떨어졌지만, 1980년대 말에는 서로를 가장 신뢰하는 세대가 되었다"고 지적했다. 서로 신뢰하는 풍조, 그것이다.

**베이비부머, 래리의 기억 | 시민권리 운동**

메간이 9살 때였다. 학교에서 새로 사귄 줄리$^{Julie}$에 대해 얘기를 꺼냈는데, 그로부터 한 달 동안 "줄리가 이랬어.", "줄리가 저랬어.", "줄리의 엄마는 줄리가 콩을 못 먹게 해.", "줄리는 강아지 두 마리가 있어.", 어쩌고 저쩌고… 줄곧 줄리 얘기만 했다.

급기야 우리 부부는 X세대 엄마들이 '플레이 데이트$^{play date}$'(아이들이 함께 놀 수 있도록 부모끼리 정한 약속)라고 부르는 것을 치르기 위하여 어느 토요일 줄리를 초대했다. 집 문을 열고 들어오는 줄리를 보고 우리는 깜짝 놀랐다. 줄리는 흑인이었다. 줄리가 집으로 돌아가자마자 우리는 줄리가 흑인이라는 사실을 왜 말하지 않았는지 메간에게 물었다. 메간의 대답은 이랬다. "흑인이 뭔데요?" 메간의 대답에 나는 인종문제가 적어도 우리 세대에서 얼마나 오랫동안 문제가 되었었는지 갑자기 떠올랐다.

내가 꼬마였을 때 할머니가 대화 중에 '니그로'(미국에서는 흑인을 경멸하는 의미로 쓰임)라는 말을 썼던 기억이 난다. 당시만 해도 할머니가 악의적으로 그 말을 썼다고 생각하지 않았다. 할머니가 자란 곳(할머니는 서부 텍사스의 목축 가정에서 자라셨다)에서는 흑인을 흔히 그렇게 불렀다. 사실, 할머니가 다림질 일을 하던 흑인 여성 하티$^{Hattie}$에게 수프를 가져다 주신 일을 기억한다. 하티가 아파서 누워 있을 때였다. 물론, 할머니는 하티를 우리 집 저녁 파티에 초대하지도, 교회에 데려가지도 않았다. 그러면 안 되는 것이었다. 그리고 당신의 딸이 하티의 아들과 사귄다는 생각에 심장마비를 일으키셨다. 할머니는 흑인에 대해 악의가 전혀 없었지만, 흑인과 백인을 분리해야 한다는 믿음을 결코 버리지 않으셨다.

반면에 대공황 세대인 어머니는 83세에 돌아가시기까지 ACLU(미국시민자유연맹) 활동을 멈추지 않았다. 어머니는 '니그로'란 말을 절대로 입에 담지 않았다. 그 말을 썼다가 어머니께 뺨을 맞은 적도 있다. 기회가 되는 대로 어머니가 하티를 점심식사 시간에 부르기도 하셨지만, 뭔가를 고치지 않는 한 우리 집에 흑인이 왔던 기억이 나지 않는다. 하티의 아들과 데이트한 사실을 두고 어머니가 본인이 자유주의 성향임에도 다른 인종 간의 데이트나 결혼은 안 된다고 말씀하신 기억이 난다. 이런 이유로 어머니는 흑인과 결혼하지 않으셨다.

중산층 백인 가정에서 자란 나는 1960년대에 대학에 들어갔고, 히피 문화를 한껏 즐겼다. 나는 불쾌감을 주는 '니그로'라는 말을 입에 담지 않았으며, 모든 사람, 특히 흑인에 대해 편견을 가지지 않으려고 의식적으로 노력했다. 하티의 딸과 데이트할 기회가 있었다면 주저하지 않고 그녀와 결혼했을 것이다. 사실, 결혼하기 전에 나는 흑인 여성과 데이트를 했다. 일이 잘 풀렸다면 그녀와 결혼했을지도 모른다. 나는 남들만큼 내 마음이 열려 있고 인종에 대한 편견이 없다고 생각했다. 하지만 피부색이 다른 누군가와 함께 있을 때, 특히 흑인과 함께 있을 때, 그가 흑인이라는 사실에 신경 쓰이곤 한다. 그의 심기를 건드리는 말을 하지 않으려고 애쓰고, 그가 흑인으로서 내 말을 어떻게 받아들일지 궁금해하는 것이다. 그래서 인종문제는 여전히 내게 중요하게 다가온다. 인종과 배경이 다른 사람들과 잘 사귀는 메간은 절대로 피부색을 의식하지 않는다고 생각한다. 당시 메간이 줄리의 피부색을 전혀 의식하지 않는 것을 보고 나는 장차 인종차별이 사라질 것이라는 희망에 부풀었다.

시민권리 운동이 정확하게 언제 시작되었는지 말하기 어렵다. 1948년에 해리 트루먼<sup>Harry Truman</sup>이 "군복무 중인 모든 사람은 인종, 피부색, 종교, 국적에 상관없이 동등한 대우와 기회를 받아야 한다"는 대통령령 9981호를 발령하면서부터라고 말하는 사람들도 있다. 또는 1954년에 '브라운 대학 교육위원회' 사건의 판결을 통해 인종분리를 불법으로 규정하면서부터라고 말하는 사람들도 있다. 또는 알라배마 주 몽고메리에서 버스를 타고 가던 로자 파크 여사가 앞좌석을 백인에게 양보해야 하는 법을 거부하여 체포된 사건이 계기였다고 말하는 사람들도 있다. 그럼에도 우리의 경험에 비추어볼 때, 우리는 대개 1963년 8월 28일, 국회의사당 앞에 모인 20만 명의 시민들 앞에서 마틴 루터 킹 목사가 '내겐 꿈이 있습니다'를 연설한 것이 흑인 인권운동의 분수령이 되었다고 본다. 시위가 평화롭게 이루어졌든 폭력으로 물들었든, 민권운동이 미국 소수인종의 권리를 증진하고 우리의 관점을 바꿔놓았다는 점은 부인하기 어렵다. 그리고 투쟁은 계속되고 있다. 최근에만 해도, 상원의원 에드워드 케네디 Edward Kennedy가 2008년 민권법 Civil Rights Act of 2008을 도입하려 했다. 이 법안에는 연방정브가 지급하는 연금에 차별을 두지 않고, 고용에서 나이 차별을 금하고, 평등권과 근로자의 권리를 침해하는 행위에 대한 책임을 강화하는 조항들이 포함되었다.

## 인종차별은 철폐되어야 한다

오늘날, 그리 놀랄 일은 아니지만 의사, 변호사, 목사, 회계사, 정치인, 장의사 등의 직업군을 살펴보면 미국계, 라틴계, 아시아계를 비롯해 소수인종 사람들이 두각을 나타내고 있음을 알 수 있다. 1960년대와 비교하면 엄청난 진보를 이룬 셈이다. 게다가 흑인 중산층이 늘고 있으며, 라틴계의 비중 또한 급격히 높아지고 있다. 지금도 인종차별은 분명히 존재하지만, 인종차별이 법으로 금지되고 기업들이 그에 대한 책임의식을 가지고 있다는 건 다행한 일이다. 인종차별성 능담이나 발언은 이제 비행기에서 담배를 피우고 운전 중에 술 마시는 행위와 똑같이 취급된다.

2006년에 로스앤젤레스의 한 나이트클럽에서 〈사인필드 Seinfield〉로 잘 알려진 코메디언 마이클 리처드 Michael Richard가 공연을 방해한 사람에게 인종적 모욕을 가하는 장면이 카메라에 찍혔다. 그 영상은 순식간에 유투브에 퍼졌고, 리처드의 평판은 바닥으로 추락했다. 그럴 만한 이유가 있었다. 이제 인종에 대한 편견이 더 이상 용인되지 않기 때문이다. 인권운동이 일어나기 전이었다면 과연 리처드의 평판이 떨어졌을까? 별

다른 일이 없었을 것으로 생각한다. 오늘날 인종적 우월감, 인종차별, 편견 같은 것들이 완전히 사라지지는 않았지만 갈수록 완화되고 있다. 꿈을 가진 전통세대와 베이비부머 세대가 노력하고 실천하지 않았다면 불가능한 일이다. 두 세대에게 감사해야 한다.


## ** 베이비부머 세대는 이렇다!

메릴 린치의 한 조사에 따르면, 베이비부머들의 76%가 퇴직 후에도 일을 하여 소득을 올릴 생각을 갖고 있다고 한다. '두뇌 유출'을 두려 워하고 인재가 회사를 떠나면서 남기는 공허감을 느껴본 고용주들에 게는 희소식이다. 하지만 X세대나 조직에서 급부상 중인 Y세대에겐 썩 좋은 소식이 아니다.

어느 쪽에나 베이비부머들은 엄청난 자원이 된다. 평온한 50년대, 격동의 60년대, 환멸의 70년대, 쇠퇴한 80년대를 거쳐 경제 변동이 극 심한 2000년대를 보내면서 베이비부머들은 가슴에 사무치는 지혜와 통찰을 얻었다. 함께 일하는 베이비부머로부터 지혜와 통찰을 얻고, 변화에 대처하고, 정책을 탐색하고, 협력할 줄 아는 그들의 장점을 본 받는 것도 좋다.

베이비부머들과 함께 생활한다면, 그들이 장기간의 인생계획을 세 운다는 점을 알아야 한다. 1900년에는 인종과 성별을 불문하고 평균 수명이 47.3세에 불과했지만, 오늘날에는 평균 수명이 77.8세로 늘어 났다. 이런 증가세는 계속되고 있다. RIC<sup>Rehabilitation Institute of Chicago</sup>(시카고 재활

연구소)가 미 전역에서 선정한 43세에서 57세 사람들을 대상으로 실시한 조사에 따르면, 베이비부머들의 평균 수명이 더 늘어늘 것이라고 한다. 또한 베이비부머들의 50%가 80세가 넘어서도 사회활동을 충분히 할 것으로 보인다. 뿐만 아니라 그들 중 75% 이상이 삶의 질을 높이고자 재활치료, 수술, 지압, 침술 등의 의료시술에 관심을 갖고 있다. 이 코끼리가 비단뱀의 뱃속을 통과하기까지는 오랜 시간이 걸릴 것이다.

베이비부머를 고용하는 이유는 두 가지다.
그들은 무조건 칭찬을 바라지 않는다.
또 누구 때문에 몹시 실망했다고 해서
1주일 간 휴가를 내지도 않는다.
신디 쿡Cindy Cook | 〈부머즈〉의 디렉터

## ▪▪ 후일로 미룬 은퇴

은퇴를 준비하면서 많은 베이비부머들이 새로운 직업을 구하거나 활동적인 은퇴생활을 하고 싶어 한다. 그들은 퇴직을 미룰 생각이 없다. 베이비부머들이 한 동안 회사에 남아 있겠다는 건 고용주들에게 희소식이지만, 진급이 가로막힐지도 모르는 X세대와 Y세대에게는 골치 아픈 문제다. 대다수 베이비부머들이 여러 모로 조직에 기여한다. 그들은 수많은 난관을 극복하면서 업무를 완수한 경험이 풍부하다. 그럼에도 안타깝지만, 그저 회사에 몸을 맡긴 채 퇴직할 날만을 기다리는 사람들도 있다. 더 나쁘게는, 이미 퇴사를 해놓고도 회사에 남아 있는 사람들도 있을 것이다. 어찌되었든 관리자로서 해야 할 일은 베이비부머들이 회사에 남아 있음으로써 발생할 수 있는 위험을 최소화하고 그들이 회사를 떠나기 전 최대한 기여하게 하는 것이다.

중장비 회사에서 영업책임자로 일하는 빌[例]의 이야기다. 바이어들의 취향을 잘 알고 있는 빌은 교회나 로터리 클럽에서 바이어들을 만나곤 한다. 또한 바이어 자녀들이 생일을 맞거나 야구대회에서 홈런을 치거나, 피아노 연주회를 열었을 때 축하카드와 축전을 보낸다. 뿐만이 아니다. 술을 좋아하는 어떤 고객에게는 절대로 아침에 전화하지 않고, 하루가 저무는 것에 우울해하는 고객에는 절대로 오후에 연락하지 않는다. 빌은 늘 목표를 초과 달성하여 보너스를 타고, 고객과의 관계뿐 아니라 직원들과의 관계도 잘 관리한다. 그래서 포장, 생산, 선적 등 다른 부문의 직원들과 친분이 깊다. 이렇게 신중하게 관계를 만들어감으로써 빌은 고객의 주문을 신속히 처리하고 영업책임자로서 높은 인지도를 쌓았다.

누군가가 빌의 자리를 채울 수 있고, 또 채워야 하지만, 빌이 퇴직한 후 그를 대신할 사람을 영입하려면 엄청난 비용이 들 것이다. 빌이 회사에 오래 머물수록 회사에 돌아가는 혜택이 많아진다. 그렇다고 빌이 모든 일에 완벽한 건 아니다. 회사에 많은 이익을 가져다주지만, 신기술에 적응이 더디어 업무를 원활히 진행하지 못하기도 한다. 회사가 전자주문 시스템을 도입한 지 오래 되었지만, 빌은 아직도 손으로 주문서를 작성한 다음 부하직원에게 그것을 컴퓨터에 입력하라고 지시한다. 게다가 종종 그의 생각대로 일이 진행되지 않을 때 언성을 높이는 일도 많은데, 그의 의견이 옳으면 방향이 바로 잡히겠지만 그렇지 않은 경우 시간과 정력이 소모된다. 빌을 관리하는 관리자라면 다음과 같은 전략적 목표를 기억해야 할 것이다.

- 빌이 하는 일에 동기와 관심을 유지하게 한다. 그래야 계속 영업에 전념하고 회사에 기여한다.
- 후임자를 교육하고 지도하게 한다. 그래야 빌이 회사를 떠나더라도 그가 힘들여 얻은 '거래의 기술'이 사라지지 않는다.
- 빌이 변화(신기술)에 적응하도록 돕는다. 그래야 도태되지 않는다.

## ▪▪ 베이비부머 관리 비결

### 1. 관심을 버리지 마라

회사에서 오래 근무한 베이비부머 직원들은 혼자서 일을 척척 해낼 수 있다. 그래서 오너라면 그들보다 X세대나 Y세대 직원들에게 관심을 더 많이 두고 싶어진다. 이런 실수를 범해서는 안 된다. 베이비부머들은 팀워크를 중시하고, 실제로 팀워크의 개념을 만들었다. 그들은 조직에서의 역할이 크기 때문에 그들에게 무관심하면 팀 프로세스, 조직의 정책, 복잡하게 얽힌 문제들에 대한 통찰을 얻지 못할 수 있다. '등 뒤에서 감시하라'는 말이 아니다. 그들의 업무경험을 고려할 때 자칫 그들이 사소한 부분까지 간섭받는다는 생각을 하기 쉽다. 조심스럽게 접근하되, 베이비부머 직원들에 대한 관심을 절대로 버려서는 안 된다.

### 2. 멘토 역할을 맡겨라

일본의 기업들은 흔히 '멘토'(센빠이)와 '멘티'(코하이)를 지정한다. 유망한 젊은 관리자에게 경륜 있는 관리자를 스승으로 붙여주는 것이다.

멘토는 흡사 '후견인'이 되어 일반 관리업무에 더해 멘티가 기술 노하우부터 운영문제, 조직정책에 이르는 업무 영역에 숙달하도록 돕는다. 일본 영화 〈담뽀뽀Tampopo〉를 보면 어떤 회사의 직원들이 고급 프랑스 식당에서 점심을 먹는 장면이 나온다. 이 장면은 일본의 전통 문화를 여실히 보여주는데, 모든 직원들이 CEO가 올 때까지 기다렸다가 그들의 대장이 자리에 참석해야만 함께 요리를 주문한다. 그들 중 가장 젊은 직원이 식당 종업원에게 요리에 곁들일 포도주에 대해 묻고 마지막으로 CEO가 주문한 요리보다 세 배나 비싼 요리를 주문한다. 바로 그때 젊은 직원의 멘토는 그가 회사에서 쫓겨나지 않게 하기 위해 탁자 밑으로 발길질을 해댄다.

이쯤에서 관리자와 멘토의 차이가 궁금할 수 있겠다. 멘토의 역할은 곧 관리자의 일이 아닐까? 어느 정도는 맞는 말이다. 하지만 다 그런 건 아니다. 관리자는 종종 직원에게 악영향을 미치는 의사결정도 내려야 한다. 그래서 직원을 진급 대상에서 제외하거나 직원이 불이익을 받는 직무에 투입하기도 한다. 관리자에게 우선순위는 멘티가 아니라 책임 부서다. 반면에, 멘토는 멘티가 속한 부서의 성과에 대해 책임지지 않으며 오직 멘티의 성공에 책임을 진다. 한마디로 동기를 부여하는 문제다. 관리자는 부서가 훌륭한 성과를 거둘 때 보상을 받고, 멘토는 멘티가 훌륭히 성장할 때 보상 받는다. 관리자가 멘티를 해고하는 것은 멘토의 이력에 오점으로 남는다. 따라서 멘티 역할을 하는 부하직원은 명령계통 밖에 있는 멘토와 열린 마음으로 소통하며 여러 면에서 혜택을 얻는다. 멘토는 으레 직장 상사를 대하는 멘티의 태도 이면에 숨겨진 실제 애로사항을 잘 파악할 수 있다. 그래서 맨토와 멘티는 힘을 합쳐 문제의 핵심을 밝힐 수 있다. 직장생활에서 일찍이 이처럼 나의 성공에 관심을 가진 멘토가 있었다면 얼마나 좋았을까?

앞날이 창창한 X세대와 Y세대 직원들에게 베이비부머 직원들이 멘토 역할을 하는 체계를 구축하면 득이 된다. 베이비부머 직원들의 인사고과에 멘토로서 이룬 성과를 적용하고, 멘토의 역할을 할 직원들은 멘티를 선정하는 과정에 참여하여 멘티가 달성할 목표와 멘티의 성공을 위한 기준을 정하고, 이후 오해의 소지를 없애기 위해 의향을 확실히 밝힌다. X세대 멘티가 기술을 습득하고 프로젝트를 완수하고 진급하는 등 훌륭한 성과를 거둘 경우, 그의 베이비부머 멘토를 축하 파티에 초대하여 멘티의 성공에 기여한 공로를 반드시 인정해야 한다.

## 3. 지속적인 헌신을 요구하라

베이비부머 세대인 아트는 중장비 기술자이며 4년 후 퇴직할 예정이다. 그는 현재 시 정부의 일을 보고 있다. 그 회사의 오너인 잔이 볼 때, 아트는 한동안 멍하니 앉아서 시간을 때울 때가 많았다. 아트가 회사에 피해를 준 것은 아니지만 별다른 성과를 내지 못했다. 아트는 쳇바퀴 돌듯이 출근해서 업무를 보고 퇴근했다. 그의 입에서 나오는 얘기는 고작 퇴사한 후에는 어떻게 먹고살 것인지, 장비 다루는 일이 얼마나 지겨운 일인지 등에 관한 것이었다. 엔진 제거 장비와 관련된 일이 있었다. 회사에는 이동식 크레인 형태의 제거 장치만 하나 있었는데, 그 장치로 자동차에서 엔진은 잘 끄집어냈지만 소방차 같은 대형 차량에서 엔진을 빼낼 때는 임시방편으로 크레인을 세워야 했다. 작업은 몹시 힘들고 시간이 많이 소모되는데다 사고 위험이 높았다.

아트가 불평하는 소리에 지친 잔은 아트에게 해결책을 마련하기 위한 기술위원회를 맡으라고 말했다. 아트는 마지못해 오너의 요구에 응했다. 잔은 공장에 오버헤드 크레인 시스템을 설치하기로 결정했지만, 예산이 부족했다. 당시는 2009년 초로 캘리포니아 주가 재정적자에 빠지고, 정부기관들이 하나 같이 돈 타령을 하던 시기였기에 고가의 장비를 들이기가 어려웠다. 잔은 기술위원회가 투자를 이끌 방법을 찾아낸다면 향후 동료 기술자들과 지역 시민들에게 훌륭한 유산을 남기는 셈이라고 아트에게 조언했다. 아트는 잔의 말에 넘어갔다. 아트는 점심식사 시간은 말할 것도 없고 야근과 주말 근무까지 하면서 대안을 찾느라 골몰했다. 아트와 위원회 멤버들은 시간동작 연구까지 벌이며 이동식 크레인과 오버헤드 크레인을 비교 분석하여 통계를 내었고, 여러 장비관리기관을 통해 가장 효율적이고 저렴한 장비를 찾아서 설치 계획을 세웠다. 아트와 위원회 멤버들은 마지막으로 시의회에 장비설치에 대한 제안서를 제출했다. 제안서에서 장단기 투자수익률을 명확히 제시한 아트는 결국 장비설치 허가를 얻어냈다. 이 프로젝트 이후 아트는 자가용과 트럭, 소방차의 엔진 수리에 관련된 업무뿐 아니라 중요한 프로젝트 두 개를 더 맡아서 훌륭한 성과를 내놓았다. 무엇보다도 이제 아트를 보려면 그가 출근하는 날을 알아야 한다. 잔의 얘기로는 아트가 하루하루를 즐기는 것처럼 보인다고 한다. 아트는 여전히 장비에 대해 투덜거리지만, 늘 해법을 내놓는다. 더 이상 아트의 입에서 퇴직 얘기는 나오지 않는다.

베이비부머들이 새롭고 창의적인 방법으로 업무를 하도록 지원한다면, 그들은 회사를 떠나는 날까지 열정을 다할 것이다.

## 4. 교육에 참가시켜라

각 업종을 대표하는 9개 기업과 17세에서 81세에 이르는 직원들 2,200명을 대상으로 설문을 실시했다. 설문조사 결과, X세대를 비롯한 저 연령층의 베이비부머들(27세에서 52세)이 고 연령층의 베이비부머들(53세에서 61세)보다 이력을 쌓기 위한 교육지원과 유연한 관리제도의 혜택을 관리자로부터 훨씬 많이 받는 것으로 나타났다. 더욱이 3년 미만 정도로 근무기간이 짧은 베이비부머들이 그들의 관리자로부터 지원을 많이 받고 있다고 여겼고, 3년 이상 근무한 베이비부머들보다 학습과 자기계발의 기회를 훨씬 많이 얻었다. 베이비부머들의 성장욕구를 간과하는 것은 이해하지 못할 바가 아니다. 그들이 그들의 일에서 성공한 것처럼 보이니 그들에게 관심 둘 필요가 없고, 머지않아 회사를 떠날 그들을 교육하느니 젊은 직원들에게 교육비용을 투자하는 편이 남는 장사라고 생각할 법하다. 그러나 이는 판단착오일 수 있다. 많은 베이비부머들이 퇴직할 형편이 안 되거나 계속 일하고 싶어서 이력을 확대할 계획을 세우고, 생각보다 오래 근무할지 모른다. 베이비부머들은 X세대와 Y세대에 비해 평생직장의 의미를 중시한다. 따라서 그들을 교육하는 것이 오히려 안전한 투자가 될 수 있다. 베이비부머 직원에게 투자한 교육비용을 아깝다고 생각하지 말아야 한다.

　내가 아는 한 베이비부머 통신기사는 주로 대기업에 설치된 대규모 전화시스템을 관리한다. 그가 퇴직하기 6개월 전, 회사는 전화시스템의 설치와 관리에 관한 전방위적인 교육과 인증제도를 실시하여 시스템 관리 수준을 높였다. 그의 상사가 그에게 한 가지 제안을 했다. 교육에 참가하여 자격을 인증 받되, 퇴직한 후 1년 간 회사가 요청한 날에 일급을 받고 일하는 조건이었다. 회사와 그에게 모두 좋은 제안이었다. 회사는 그가 근무한 마지막 해에 그의 자격 인증으로 혜택을 얻었고, 그에 더해 1년을 더 그와 일할 수 있었다. 그는 자격을 인증 받았기 때문에 더 많은 고객을 상담할 수 있는 기회를 얻었다. 베이비부머들과 이처럼 입맛 당기는 거래를 하든 않든 상관없다. 퇴직일이 얼마나 가까이 다가오든, 무의식적으로 교육비용을 처리하기 전에 그들을 교육에 참가시키는 것이 얼마나 가치가 있는 일인지 깨닫기 바란다.

## 5. 변화에 적응하게 도와라

조직생활을 오래하면서 경험을 풍부히 쌓은 베이비부머들은 상황 판단에 능하다. 그리고 조직체계를 잘 활용하면서 일을 원활히 처리한다. 베이비부머 직원들의 단점을 말하자면, 그들은 변화가 필요한지를 고려하지 않고 기존 방식을 고수하는 경향이 있다는 점이다. 조직에서 변화에 적응하지 못하는 베이비부머들이 많은데, 변화에 대한 저항을 극복하도록 도와야 한다. 예컨대 베이비부머 직원들 중에는 시스템을 개선하거나 새로운 시스템을 이해하기 위한 필수 훈련을 받지 않으려는 사람들이 많다. 그런 사람들은 '왜 귀찮게 하지? 6개월만 지나면 퇴직인데…'라고 생각할 것이다. 관리자가 이렇게 변화에 저항하는 베이비부머들을 보고만 있다면, 이를 지켜보는 X세대와 Y세대 직원들로부터 신뢰를 잃을 우려가 있다. 관리자는 변화에 저항하는 베이비부머 직원들을 변화에 동참하도록 잘 이끌어야 한다. X세대와 Y세대 직원들은 이 과정을 눈여겨보고 기억에 남길 것이다. 이를 실천하지 못한다면 결국 관리자가 책임져야 할 일이 발생한다. 만약 변화를 거부하는 베이비부머 직원들을 방치한다면 팀, 더 나아가 조직이 손실을 보게 된다. 베이비부머 직원들이 새로운 시스템이나 업무방식을 수용하지 않는다면 당연히 생산성이 증대하지 않는다.

**베이비부머, 래리의 경험** | 변화의 저항감 극복

누구나 이사를 다녀봤겠지만, '이사'라는 변화는 참으로 고된 일이다. 짐을 싸고, 전입신고를 하고, 이삿짐 업체를 부르고… 할 일이 산더미 같이 쌓여 해도 해도 끝이 없다. 참으로 귀찮은 일이다! 이사하는 날은 말할 것도 없고, 이사를 마치고 나서 며칠은 앓아 누워야 한다. 몇 년 전 아내의 소원대로 이 고통스러운 짓을 하게 되었다. 우리 가족은 피닉스 중심가 인근의 낡은 집에서 10년을 살았는데, 그 집은 천국과 다름이 없었다. 1920년대 풍의 집이었고, 집세도 괜찮았다. 주위 풍경도 수려하고 아름다웠다. 집에는 실제 원목마루가 깔려 있었고, 공항도 멀지 않았다. 물론 문제가 없었던 건 아니다. 침실이 작았고, 침실들 중 하나를 내 사무실로 쓴 탓에 집이 비좁았다. 그렇다고 멋진 풀장이 있는 것도 아니었다. 하지만 나는 그 집을 무척 좋아했다. 그러나 아내는 생각이 나와 달랐다. 수도관이 터지고 창문 틈으로 바람이 새고 침실이 너무 비좁다고 생각해서 피닉스 교외 부유층 거주지인 스캇데일로 이사 가고 싶어 했다. 처음에 나는 아내의 생각에 완강히 반대했

다. 스캇데일은 공항에서 너무 멀었고, 집들도 너무 비쌌으며 옛 집만큼 좋은 게 하나도 없었다. 그러나 아내는 스캇데일의 집들이 방이 넓어서 좋고, 곧 뚫릴 고속도로를 이용하면 옛 집에서 걸리는 시간과 별 차이 없이 공항에 도착할 수 있다고 주장했다. 아내가 이렇게 주장할 때마다 나는 화제를 돌리곤 했는데, "이봐, 피닉스 선즈Phoenix Suns에 대해서는 어떻게 생각해? 올해 참 대단하지 않았어?"라는 식으로 말을 하면, 아내는 방을 박차고 나가곤 했다.

어느 일요일이었다. 아내가 스캇데일에 있는 한 리조트에 아침 겸 점심을 먹으로 가자고 했다. 샴페인을 종류에 상관없이 무료로 마실 수 있는 곳이었다. 그런데 아내는 샴페인을 입에도 대지 않았고, 자신은 운전을 해야 하니 나보고 마음껏 마시라고 했다. 식사를 마친 후 주차장으로 들어가는데, '오픈 하우스'를 둘러봐도 되는지 아내가 물었다. 다소 취기가 올라와서인지 나는 흔쾌히 그러자고 답했다. 우리는 몇 군데를 둘러본 후 괜찮은 집을 하나 발견했다. 그 집은 원목마루에 고풍스런 구조, 수려한 주위 경관, 널따란 침실이 특징이었고, 옆으로 사무실로 쓰기에 괜찮은 방이 뻗어 있었다. 그 방에는 좌우로 열리는 유리문이 달려 있었는데, 문을 열면 앞으로 풀장이 펼쳐졌다. 나는 그 집에 압도되어 입을 다물지 못했다. 그로부터 얼마 지나지 않아 우리는 이사를 했다.

되돌아보니, 아내가 내게 변화의 저항을 극복하는 핵심 원칙을 적용했음을 깨달았다. 나는 가끔씩 내가 진행하는 세미나에서 그 원칙을 사람들에게 알려주곤 한다. 그 원칙은 제1차 세계 대전이 터지기 전에 유행한 노래로 대신 된다.

"파리를 본 이후에도 어떻게 계속 농장에 남아 있을 거니?"

그 원칙이 샴페인과 관련이 있다고 생각할지 모르겠다. 다시 말해, 내가 샴페인을 마시고 취기가 있는 상태에서 이사를 가기로 마음먹었다고 생각할지 모르겠다. 그렇지 않은가? 당연히 아니다. 아내는 변화에 동참하여 얻는 혜택을 내 스스로 느끼게 했다. 그 순간, 변화에 대한 저항감이 사라졌다. 알코올과 전혀 관계가 없다. 나는 그렇게 생각한다.

### '파리를 보여줘!'

'파리를 보여줘!' 원칙을 자동차 영업에 적용한 영업소 소장 얘기를 해보겠다. 우리 회사 고객이기도 한 그는 고객 중심의 문화를 형성한다는 취지로 리츠칼튼 호텔에서 신입 영업사원들을 대상으로 오리엔테이션을 실시했다. 리츠 칼튼 호텔을 오리엔테이션 장소로 지정한 것은 리츠 칼튼의 사명인 '신사숙녀에게 봉사하는 신사숙녀 정신'을 신입사원들에게 심어주기 위해서였다. 오리엔테이션 이후 다루기 만만치 않은 베이비부머 영업사원들이 상당히 변화된 모습을 보였다고 그는 말했다. 리츠 칼튼 직원들의 고객 서비스를 직접 체험한 후 고객에게 봉사하는 태도를 달리하고, 기존의 틀을 깨는 영업 방식을 활용하려고 애쓴 것이다. 변화에 저항하는 베이비부머 직원들이 있다면, 더욱이 그들이 퇴직을 앞두고 있다면, 그들에게 변화를 강요하는 데 신중해야 한다. 그들은 한 귀로 듣고 한 귀로 흘릴지 모른다. 그들이 변화를 수용함으로써 누리는 혜택을 직접 보고 느끼도록 해야 한다. 그러면 그들의 퇴직이 임박해 있더라도 변화에 동참할 확률이 높아진다.

## 6. 부정적인 태도에 대처하라

퇴직을 앞둔 베이비부머 직원이 다소 부정적 태도를 취할 때가 있다. 그런 태도는 회사, 자신이 처한 환경, 퇴직에 대한 복잡한 감정에 바탕을 둔 불행감에서 기인하거나, 단지 온 정신이 퇴직 후의 딜로 쏠리는 '일시적 증상'에 불과할지 모른다. 원인이 무엇이든지 간에 업무성과 수준이나 업무량, 수익성, 고객 만족, 팀의 사기에 악영향을 미치는 문제로 이어진다면 관리자가 나서야 한다. 우선 문제시되는 베이비부머 직원과 대화를 시도한다. 둘만의 대화에서 다음 '대화의 여섯 단계'를 밟아보길 권한다.

**문제를 상세히 밝힌다** "잔, 지난 몇 달 동안 보고서가 늦었고, 두 차례 정도는 내용이 정확하지 않아서 수정을 해야만 했어요. 그뿐만이 아니에요. 전화든 이메일이든 아무런 연락이 없다며 고객 세 명이 클레임을 해왔어요. 직원회의에서도 집중하지 못하는 것 같네요. 어제도 팀이 주문 처리 현황을 물어봤는데, 딴 생각을 하고 있는 것 같더군요."

**무엇이 걱정되는지 설명한다** "걱정스럽네요. 이러면 생산성이 떨어질 것이고, 다른 직원들이 이 사실을 알게 되면 팀의 사기도 덜어질 겁니다. 무엇보다도 당신이 제일 걱정입니다. 당신은 늘 탁월했기 때문에 이런 변화는 정말로 당혹스러워요. 퇴직이 얼마 남지 않았잖아요. 어떤 다른 이유가 있는 건가요? 아니면 달리 하고 있는 일이 있나요?"

**얘기를 경청하고 사적인 문제를 이해한다** 여기서 핵심은 베이비부머 직원의 말을 반복하거나 생각이 어떤지 물어보는 경우를 제외하고 비판하거나 토를 달지 않고 경청하는 것이다. 이는 양방향 소통으로 이어진다. 우선 귀 기울여 듣는 자세가 중요하다. 베이비부머 직원이 처한 특별한 상황을 이해하려면 유연성 있는 대화가 필요하다. 가령 그는 배우자가 병고를 겪고 있어서 머릿속이 온통 그 문제로 가득 차 있을지 모른다. 그렇다면 그의 업무일정을 조정하거나 업무량을 줄임으로써 걱정을 덜어줄 수 있다. 이후에도 문제에 관해 대화를 계속하면서 잘못된 태도가 지속되지 않도록 해야 한다.

**변화에 동참하라고 요청한다** "잔, 당신이 회사에 있는 동안에 정말로 당신의 머리가 필요해요. 잔, 당신을 어떻게 도우면 될까요?"

**합의한 내용을 분명히 한다** "좋아요, 보고서를 정확히 써서 제 때 제출하고 고객의 문의에 한 시간 안에 전화하거나 메일을 보내기로 한 것으로 알겠어요. 대신 부인을 좀 더 돌볼 수 있도록 근무시간을 조정해주겠어요. 얘기할 게 더 있을까요?"

**신뢰감을 표현하고 확신을 가지고 변화를 기대한다** "잔, 회사에서 당신 없이는 아무것도 못할 것 같네요. 말 그대로 잔 당신은 회사에 엄청난 기여를 해왔어요. 당신이 마음을 바꿔준 것에 정말로 감사해요."

이제, 잔이 변화하는지 지켜보면 된다. 잔이 변화하는 모습을 보인다면, 조용히 그에게 다가가 감사의 마음을 표시한다. 고집 센 베이비부머 직원을 다른 직원들 앞에서 칭찬하면서 당황하게 만들 필요는 없기 때문이다. 반면에 잔의 태도가 바뀌지 않거나 악화된다면, 과감히 문제를 다시 제기해서 약속을 어긴 탓에 생긴 결과를 설명한다. 아니면, 그의 퇴직을 앞당기거나 인사부서의 승인 하에 징계절차를 밟는 편이 나을 수도 있다.

## 7. 자원봉사의 기회를 제공하라

베이비부머들은 자원봉사에 관심이 많다. 미국 교육노동위원회 웹사이트에 따르면, 전국적으로 자원봉사자가 25만 명으로 과거 10년 전보다 세 배나 더 늘었다고 한다. 이처럼 그들이 봉사하려는 욕구를 활용하면 회사의 이미지를 높일 수 있다. 먼저, 베이비부머 직원들을 비롯한 다양한 세대 직원들이 선호하는 자원봉사 단체에서 활동하도록 허용하고, 자원봉사 단체들과의 소통 및 활동내용을 보고하는 역할을 베이비부머 직원에게 맡긴다. 그런 다음 회사 차원에서 자원봉사자들을 지원할 수 있는 방안을 윗선과 협의한다. 베이비부머들은 사회에 봉사하고 싶어 한다. 베이비부머들이 그런 욕구를 충족하도록 돕는다면 그들은 삶의 활력을 느낀 나머지 자원봉사활동뿐 아니라 자신들을 지원하는 회사의 업무에도 최선을 다할 것이다.

## 8. 경험을 존중하라

조언을 청하는 식으로 베이비부머 직원들의 경험을 존중한다. 누구나 자신에 대한 가치를 느끼고 싶어 하듯이, 베이비부머들은 수십 년에 걸친 경험에서 가치를 많이 느낀다. 단, 선심을 쓰는 것처럼 보이지 않도록 주의해야 한다. 관리자로서 본의 아니게 오해를 불러일으키는 말을 할 수 있기 때문이다. 업무에 초점을 맞추고 그들의 경륜을 존중하면서 적절한 질문을 던진다. 가령 X세대 관리자가 베이비부머 판매 담당들에게 개별 고객을 어떻게 다루는지 묻고자 한다면, 이렇게 질문할 것이다.

"잠시 시간을 내주시죠. 부장님. 디킨슨 사의 바이어 때문에 우리 신입 사원들이 골치를 앓았어요. 그 사람은 충분한 시간을 주지 않고 곧장 계약을 하려고 했죠. 그런데 부장님이 그 사람을 잘 다루는 것 같네요. 좋은 방법이 있나요?"

## 9. 끈임없이 대화하라

대다수 베이비부머들은 직장에서 관리자의 관리를 받을 필요가 없을 만큼 숙련된 업무능력을 갖추고 있다. 하지만 그들은 세심한 관리가 부족하다며 관리자를 비난하는 경우가 너무 많다. 이는 인식에 따른 문제다. 관리자는 베이비부머 직원과 거리를 두고 그를 너무 간섭하지 말아야 한다고 생각하지만, 관리자라면 베이비부머 직원과 격의 없는 대화를 나누면서 마음의 벽을 허물어야 한다. 또한 업무를 처리하는 방식에 관여하지 않는다는 것을 베이비부머 직원이 잘 느끼도록 해야 한다. 오히려 그가 목표를 달성하는 데 도움을 얻고 있다고 느끼도록 해야 한다. 한편, 관리자로서 얼마나 그의 얘기를 듣고 싶은지, 얼마나 빨리 문제를 전달하고 싶은지, 어떤 도움을 받고 싶은지 명확히 설명한다. 예컨대 관리자로서 베이비부머 직원이 일상의 문제를 얼마나 자주 얘기해주기를 바라는가? 어떤 경로로 그런 얘기를 듣고 싶은가? 전화로? 이메일로? 혹은 트위터 등의 SNS로? 어떤 시점어서 문제를 통보해주기를 바라는가? 문제가 발생한 즉시 통보해주기를 바라는가? 아니면, 스스로 문제를 해결하려고 시도한 다음 도움을 요청해주기를 바라는가? 문제가 얼마나 심각할 때 도움을 요청해주기를 바라는가? 관리자와 직원이 이런 유형의 문제들을 함께 논의해야 장래에 오해와 충돌의 소지가 사라진다. 이는 젊은 관리자와 나이 많은 직원의 관계에서 더욱 중요하다.

## 10. 성과를 통해 자신을 증명하라

베이비부머 직원들보다 나이가 어리다는 사실은 결코 변하지 않는다. 그리고 그들에게 한 동안 '어린 아이' 취급을 당할지도 모른다. 현실을 있는 그대로, 재밌고 슬기롭게 받아들여야 한다. 그리고 업무능력을 발휘하여 존경심을 불러일으켜야 한다. 일화를 하나 소개하겠다. 우리와 친분이 있는 한 소프트웨어 기술자가 회사에서 능력을 인정 받아 베이비부머 세대에 속하는 선임 연구원들을 이끄는 팀장으로 승진했다. 그가 승진한 주된 이유는 연구원들이 다루는 시스템에 정통했기 때문이다. 연구원들은 새파란 직원이 시스템에서 발생하는 문제를 어떻게 다루겠냐며 불만 섞인 목소리를 냈지만, 그는 연구원들에게 늘 먼저 의견을 구했다. 연구원들의 생각이 옳다고 느껴지면, 그는 늘 이런 식으로 말했다. "대단합니다. 정답입니다" 반면에 연구원들의 의견에 동의하지 못할 때는 이렇게 대꾸하곤 했다. "저는 경험이 별로 없지만, 이렇게 생각합니다. 제 생각이 어떤가요? 선배님들의 경험에 비추어볼 때 가능하다고 생각하시나요?" 늘 이런 식으로 얘기한 다음 자신의 생각을 밝힌다. 연구원들이 그에 대해 알게 되고 그의 얘기를 신뢰하게 되면서, 그는 틀린 의견을 유머러스하게 거부하기도 하면서 연구원들과 동등한 입장에서 일하게 되었다. 그의 얘기에 따르면, 그 수준에 도달하기까지 1년이 걸렸다고 한다.

## 11. 베이비부머들의 지혜를 붙잡아라

레이더 장비 조립라인에서 제어판 만드는 일을 하는 텍사스 출신 기술자 사례다. 그가 조기 퇴직을 선택했을 때, 조립공정 절차를 정확히 아는 사람은 그가 유일했다. 그의 머릿속은 기록문서에 나타나는 오류들로 꽉 차 있었다. 문제가 발생해도 금세 개선할 수 있는 노하우가 있었다. 그의 퇴직 후 회사는 문제를 방지하지 못해서 일으키는 손실이 20만 달러에 달했고, 이는 고객과의 관계에도 악영향을 미쳤다.

　데이비드 드롱David DeLong은 저서 《Lost Knowledge: Confronting the Threat of an Aging Workforce잃어버린 지식》에서 이 이야기를 소개했다. 저자 인터뷰에서 드롱은 미국을 비롯한 세계 각국의 기업들이 복합적인 사업 프로세스, 기술 시스템, 진보된 과학적 과정, 글로벌 경영기법 등을 운영하는데 베이비부머들의 깊은 지식을 활용하고 있으며, 그 때문에 평소 생산성이 높은 기업들이 베이비부머들의 이탈로 심각한 위협에 직면하고 있다고 밝혔다. 드롱은 1969년에서 1972년에 나사NASA가 달에 관한 여섯 가지 임무를 완수했다고 하면서, 당시 위업을 실현한 사람들이 저 세상으로 떠났거나 은퇴를 했고, 안타깝게도 그들이 습득한 지식이 전혀 전달되지 않았기 때문에 당시의 영광을 재현하기가 어렵다고 설명했다. 그는 베이비부머들의 이탈로 인한 '두뇌유출'의 손실을 최소화하기 위해 기업들이 밟아야 할 다섯 가지 핵심 단계를 다음과 같이 소개했다.

**첫째** 베이비부머 직원이라고 해서 모두 핵심 지식을 가지고 있지는 않다. 퇴직해서 조직에 막대한 영향을 미칠 베이비부머 직원들을 선별한다.

**둘째** 직원 개개인이 회사를 떠나기까지 남은 시간을 정확히 계산한다. 이를 통해 핵심 지식을 전수받기 위한 대안과 전술을 정한다.

**셋째** 경기침체는 '양날의 칼'임을 인식한다. 2008년의 경기침체기에는 베이비부머들을 회사에 묶어두기가 쉬웠다. 한편, 퇴직연금$^{401k}$이 줄어들어 베이비부머들이 재정난에 빠졌고, 자신들의 노하우를 전수하기를 꺼려했다. 노하우를 독차지하고 있는 한 직장을 잃을 위험이 줄었기 때문이다. 젊은 직원들에게 노하우를 전수하더라도 회사에서 쫓겨나지 않는다는 점을 확실히 해두어야 한다.

**넷째** 손실 위기에 놓인 지식들을 하나하나 밝힌다. 드롱은 지식 전수제도를 계획할 때 다음 세 유형의 정보를 고려해야 한다.

▷ **명시적 지식explicit knowledge** 정보, 수치, 절차나 순서 등 읽기, 동경상 관람, 강의

참가 등으로 쉽게 전수 받을 수 있는 지식을 말한다.

▷ **함축적 지식Implicit knowledge** 적절한 질문에 쉽게 전달할 수 있는 지식들이다. 예컨대 우리는 강연과 세미나를 대략 200회나 진행해왔는데, 청중으로부터 의견 전달법에 관한 질문을 많이 받는다. 별로 생각해보지 않은 문제이지만, 청중의 곤란한 질문에 대응하는 법을 한 가지 소개하자면 사례를 들어 답을 명확히 전달하는 것이다.

▷ **암묵적 지식Tacit Knowledge** 멘토링과 학습을 통해 개인에게 축적된 직관적 지식이다. 가까운 예로, 프로젝트 관리자(PM, Project Manager)들은 대개 일상적으로 시간과 목표, 예산에 어긋남이 없이 프로젝트를 운영한다.

**다섯째** 지식을 전수하려는 노력이 중요한 사업 결과로 계속 이어지게 한다. 목표로 하는 전략 성과에 영향을 가장 많이 미치는 사람은 누구인가? 그가 퇴직한다면 어떤 일이 벌어질까? 예컨대 혁신을 추구하는 기업이라면, R&D 부문의 제품 개발자가 보유한 지식이 전략 성과에 크나큰 영향을 미칠 것이다. 반면 성장에 초점을 맞춘 기업이라면, 퇴직을 앞둔 베테랑 영업사원의 지식을 전수 받기 위해 애써야 할 것이다.

머지않아 닥칠 베이비부머들의 이탈을 신중하게 바라봐야 한다. 비즈니스, 보건, 정치, 비영리사업 등 어느 분야를 막론하고 관리자의 위치에 있는 사람들은 드롱의 책을 읽어보기 바란다. 베이비부머들이 떠날 날이 가까워졌다. 지금 바로 준비해야 한다.

## 12. 베이비부머 관점에서 동기를 부여하라

할리데이비슨 영업소 소장들이 20년을 동고동락한 베이비부머 선임 정비사에게 하와이로 부부동반 여행을 보내주기로 했다. 그 동안 회사에 충성하고 헌신한 선임 정비사에게 보상하는 취지였다. 여행비용은 전액 회사가 부담하기로 했다. 이에 그들은 연찬회를 열어 선임 정비사의 화려한 업적을 찬양하면서 여행권을 선물했다. 그런게 선임 정비사는 별로 기뻐하지 않는 것 같았다. 이에 영업소 소장들이 여행이 기대되지 않는지 그에게 물어보았다. 그의 답변은 뜻밖이었다. 그는 선물은 고맙게 생각하지만, 얼마 전 아내와 헤어져서 여행 생각이 전혀 나지 않는다고 털어놨다. 이에 어리둥절한 영업소 소장들은 그에게 여행권 대신에 무엇을 갖고 싶은지 물었다. 그는 얼마 전에 눈도장을 찍어둔 고급 공구상자를 갖고 싶다고 말했다. 영업소 소장들은 그의 뜻에 따라 여행권 대신 고급 공구상자를 그에게 선물했다. 선임 정비사는 한결 만족스러워했다. 연찬회 같은 공식 행사를 진행하기 전에 선임 정비사의 사정을 확인했다면 좋았을 것이다.

사람들은 저마다 다른 요인으로 인해 동기를 자극받는다. 특히, 오랜 세월에 걸쳐 경륜을 쌓은 베이비부머들은 더욱 그러하다. 대다수의 기업에서는 베이비부머 직원들에게 보상을 제공하는 취지로 퇴직연금[401k]의 전환비율을 높이고, 퇴직 이후 할 일을 찾도록 근무시간을 조정하며, 그들의 성과를 인정하고 칭찬하는 자리를 마련한다. 대다수의 베이비부머들은 이런 기회들을 흔쾌히 받아들이겠지만, 모든 베이비부머들이 그렇지 않다는 점을 알아야 한다. 확실한 방법은 회사에 기여한 대가로 어떤 보상이 적당한지 베이비부머 직원에게 물어보고 답변을 듣는 것이다. 예컨대 한 X세대 관리자는 성과에 보상하는 취지로 베이비부머 직원에게 휴가를 주면서 가족과 함께 시간을 보내라고 말했다. 그런데 베이비부머 직원은 어쩐 일인지 자신이 맡은 대형 프로젝트를 완수해야 하고 쉬어봤자 스트레스만 더 쌓인다며 보상을 거절했다. 이때 현명한 관리자라면 베이비부머 직원에게 이렇게 물을 것이다. "엄청난 일을 하셨는데, 대가를 받으셔야죠. 어떻게 하면 좋을까요?"

## 13. 새로운 방식으로 강점을 활용하라

베이비부머들이 오랜 세월에 걸쳐 쌓은 경륜은 새롭고 혁신적인 방법으로 재현될 수 있다. 베이비부머들에게 이를 실천할 기회를 마련해주어야 한다. 베이비부머들이 조직에 새로운 바람을 불러일으킬 것이다.

플로리다 주에 소재한 헬스 센트럴 병원에서 있었던 일이다. 이 병원의 의무기록팀은 업무처리가 느려서 채권 회수가 지연되고 미청구 진료비가 늘어나는가 하면 진료기록을 제 때 전달하지 못해서 환자들과 의사들의 거센 불만에 부딪혔다. 이 때문에 직원들의 사기와 만족도가 급격히 떨어지고 이직률이 높아졌다. 고객들의 만족도 또한 매우 떨어졌다. 엎친 데 덮친 격으로 최근에 전자 의료기록 시스템을 도입했지만, 직원들이 사용법에 대해 교육을 받지 못했다. 게다가 팀장이 병원을 그만두어서 대체 인력이 급히 필요했다. 그 즈음 품질관리 부문의 책임자 캐시 딜 Kathy Deel이 품질관리뿐 아니라 의료기록도 운영하겠다고 나섰는데, 그녀는 과거에 다른 병원에서 두 부문을 통합하여 효과를 본 경험이 있었다. 집행위원회는 그녀의 뜻에 따랐다. 당시에 55세였던 캐시는 그 일로 인해 아드레날린이 샘솟았다고 고백했다. 그녀의 지휘 아래 새로이 통합된 부서는 1년도 안 되어 성장하고 있었다. 다른 병원의 성공사례를 적용한 덕에 진료기록 전달 시간이 96시간에서 24시간으로 줄었다. 캐시는 쓸모없는 절차를 없애고 프로세스를 개선하는 데 중점을 둠으로써 인원 공백을 매울 필요가 없을 정도로 업무의 효율성을 증대하는 한편, 불필요한 자리들을 완전히 없애버렸다. 현재 해당 부서의 인원은 3분의 1로 줄었고, 환자와 의사들의 만족도가 크게 개선되었다. 그 부서는 진료기록에 관해서 최고가 아니라면 서러울 정도로 역량을 인정받고 있다. 무엇보다도 직원들이 자신감과 팀워크를 회복해서 다행이라고 캐시는 말했다.

## ▪▪ X세대, Y세대 관리자들을 위한 팁

X세대나 Y세대 관리자라면, 자신보다 나이 많은 베이비부머 직원들을 어떻게 관리할지 고민에 빠지게 마련이다. 우선 베이비부머들의 생각을 깨닫자. 그들의 공통 세대지표와 그들이 현재 놓인 경력 수준에서 무엇을 필요로 하는지 파악하자. 그렇게 하면 베이비부머 직원들이 업무에 최선을 다하도록 도울 수 있다.

### 1. 기꺼이 인정하고 신뢰한다

얼마 전 앨라배마 주 풋볼팀 코치 베이 브라리언트Bear Bryant는 성공의 비결을 알려달라는 질문에 이렇게 답했다.

"잘못 되었으면 내가 한 것이고, 잘 된 것이나 다름이 없으면 우리가 한 것이고, 정말로 잘 되었다면 당신이 한 것입니다. 이것이 경기에서 승리하는 비결의 모든 것입니다."

여느 세대와 다름없이, 베이비부머들도 자신들의 성과에 대해 인정받고 싶어 한다. 그들의 성과를 인정할수록 그들은 회사에 더 헌신할 것이다. 그렇다고 해서 비위를 맞추기 위해 칭찬을 남발하지 않도록 주의해야 한다. 나이 어린 관리자들이 이런 문제를 자주 겪는다. 베이비부머 직원의 공로를 인정하는 자리에서 그가 더욱 동기를 자극받도록 다른 베이비부머 직원들이 칭찬에 동참하게 해야 한다. 예컨대 회의시간에 Y세대 팀장인 주디Judy는 베이비부머 직원인 잭Jack이 고객의 불만을 시원하게 해소했다고 칭찬했다. 주디는 이렇게 말했다. "이런 문제는 늘 잭 씨가 해결하는군요. 빌에게 얘기 많이 들었어요. 잭 씨가 앤더슨의 문제를 해결하셨다면서요. 빌, 그렇죠?" 그러자 빌도 잭을 칭찬했다. 이로써 잭은 칭찬을 두 배로 받았고, 주디는 다음과 같은 이유로 직원들의 신뢰를 얻었다.

**첫째** 고객의 문제해결이라는 자신의 직무를 완수했다.
**둘째** 합당한 사람을 칭찬하고 인정한다는 인상을 남겼다.

## 2. 노련한 '선임하사'를 찾는다

해병대 장교로 베트남에서 세 차례나 근무한 친구 얘기를 해보겠다. 소위로 군 생활을 시작해서 소령으로 제대한 친구는 무엇보다도 선임하사를 잘 만나고 그에게 조언을 구해야 순탄한 군 생활이 가능하다고 말했다. 친구가 군 생활을 하면서 터득한 철칙이었다. 친구는 베트남에 도착하자마자 담당 선임하사에게 조언을 구했다. 선임하사는 이렇게 말했다. "우리의 뒤통수를 조심해야 변을 당하지 않습니다." 그때까지 방법을 잘 몰랐던 친구는 이렇게 답했다. "좋아요, 내가 도움을 요청할 때 똑바로 대답해준다면야 문제될 게 없겠죠." 두 사람은 서로의 의견에 합의했다.

다음날 밤, 친구는 소대를 이끌고 첫 수색을 나섰다. 친구는 옆에서 이동하는 선임하사에게 이렇게 물었다. "선임하사가 누구보다도, 특히 나보다도 이 땅에 대해 잘 알고 있죠. 수색을 어떻게 진행할까요?" 선임하사의 조언을 따른 덕에 소대는 무사히 수색을 마쳤다. 다음날 아침, 친구가 선임하사에게 이렇게 말했다. "앞으로 내 옆에 있으면서 내가 판단을 잘못하거나 실수를 할 때 말해주면 좋겠군요. 항상 선임하사의 얘기를 따를 수는 없겠지만, 귀 담아 듣겠다고 약속하죠." 이를 계기로 두 사람은 베트남에서 세 차례 함께 근무했고, 서로를 평생의 친구로 삼았다.


위대한 리더들 곁에는 그들의 부족한 점을 채워주는 조력자들이 포진해 있다. 마찬가지로 팀에서 신망이 두터운 베이비부머와 힘을 합치는 것은 큰 도움이 된다. 팀 내에서 신뢰를 얻을 수 있고, 일이 잘 풀리지 않을 때 팀원들이 나설 것이다. 무엇보다도 조력자 역할을 하는 베이비부머 직원이 관리자의 성과와 팀의 성공에 크게 기여했다며 뿌듯해할 것이다.

## ▪▪ 결론

어느 세대든 조직에 가치를 더한다. 퇴직을 앞둔 베이비부머 직원들이 따돌림이나 외면을 당해서는 안 된다. 관리자는 경륜이 많은 베이비부머 직원들의 도움을 얻어 거시적 관점에서 의사결정을 할 수 있다. 베이비부머들은 수많은 난관을 극복하면서 지금에 이르렀다. 베이비부머 직원들의 의지와 열정은 조직의 문제 해결에 큰 힘이 된다. 훌륭한 '팀 플레이어'이기도 한 베이비부머 직원들은 팀의 발전에도 상당한 기여를 할 수 있다. 그럼에도 그에 앞서, 베이비부머 직원들이 열정을 잃지 않고 조직에 기여하고, 지나친 간섭을 받지 않으면서 경험과 노하우를 자유로이 활용할 수 있는 분위기를 조성해야 한다. 벌써부터 그들을 완전히 외톨이로 만들어서는 안 된다.

베이비부머들의 얘기에 귀를 기울이고 열린 소통을 하면서 그들이 업무에 동기와 관심을 유지하게 해야 한다. 그래야 그들이 팀과 조직의 목표에 부합하는 방향으로 나아간다. 이것이 베이비부머 직원들을 관리하는 비결이다. 그리고 절대 잊지 말아야 할 것이 있다. 그들이 퇴직하기 전에 그들의 지식과 노하우를 잘 붙잡아 두어야 한다.

—

"잘못 되었으면 내가 한 것이고, 잘 된 것이나 다름이 없으면 우리가 한 것이고, 정말로 잘 되었다면 당신이 한 것입니다. 이것이 경기에서 승리하는 비결의 모든 것입니다."

—

# 2

# 전통과 혁신의
# 중간 다리다!

X세대                                    1965~1980년

**X세대가 기억하는 주요 사건들**

1973 최초의 휴대폰 출시 ★ 1978 존스타운 집단자살 ★ 1986 챌린저 호 공중폭발

1987 주가 대폭락(블랙 먼데이) ★ 1989 베를린 장벽 붕괴 ★ 1990 걸프전

1992 경기침체 ★ 1993 최초의 베이비부머 대통령 선출(빌 클린턴)

1993 닷컴 붐 시작 ★ 1994 커트 코베인 자살 ★ 1995 으제이 심슨 재판

**X세대의 성향**

가족에 대한 끈끈함이 넘치다 ★ 불신과 실망에 익숙하다 ★ 일을 흥미롭게 대하다

독립적인 성향이 강하다 ★ 맹목적인 애사심은 NO!

## 1

## ▪▪ 조직의 중심, X세대

'X세대'라는 용어는 어디서 유래했을까? 캐나다 출신의 소설가 더글라스 쿠플랜드 Douglas Coupland가 그의 데뷔 장편소설 《X세대, 점점 빨라져가는 문화 이야기 Generation X: Tales or an Accelerated Culture》(1980년대 후반 성인기에 접어든 미국과 캐나다의 젊은이들에 관한 이야기)를 통해 1966년에서 1980년 사이에 태어난 사람들을 'X세대'라고 명명했다. 그는 X세대를 삶의 공허함과 우울함으로 가득한 감정에 빠진 젊은이들로 묘사했다. 그로부터 1년 후 마이크 마이어스 Mike Myers와 다나 카비 Dana Carvey가 영화 〈웨인즈 월드 Wayne's World〉에서 각각 웨인 Wayne Campbell과 가스 Garth Algar 역을 맡아 초일류 록 그룹의 음악을 연주하고 배꼽을 쥘 개그를 해대는 신세대 재주꾼을 연기했다. 웨인과 가스는 그들의 음악과 코미디를 보여주려고 웨인의 집지하실에 작은 스튜디오를 마련하여 '웨인즈 월드'라는 프로그램을 방송한다. 그들의 모험을 지켜본 X세대들 사이에서는 "파티를 계속해. 웨인! 파티를 계속해. 가스!", "우린 가치가 없는 사람들이야.", "내던 져버릴 생각이야." 등등의 유행어가 퍼졌다.

물론 X세대라고 해서 파티를 즐기고 놀기만 좋아하는 것은 아니다. 마이클 델<sup>Michael Dell</sup>은 불과 17살에 델컴퓨터를 창립했고, 구글의 부사장 마리사 메이어<sup>Marissa Mayer</sup>는 〈포춘〉의 가장 영향력 있는 여성 50인에 뽑혔다. 그리고 제프 톰슨<sup>Jeff Thompson</sup>이 있다. 톰슨은 14살에 신문배달로 모은 2,500달러를 가지고 시작한 페리퍼럴 아웃렛<sup>Peripheral Outlet, Inc.</sup>을 세계 초일류 컴퓨터 부품 공급회사로 키웠다.

1998년에 〈포춘〉이 '신 조직인간<sup>The New Organization Man</sup>'('신 조직인간'이란 X세대를 지칭한 말이다)이라는 제목으로 표지기사를 내놓았다. 양질의 교육을 받았으며 외모가 수려한 젊은이들이 높은 연봉과 여러 가지 혜택을 독차지함으로써 베이비부머들의 숱 적은 머리칼이 바짝 설 정도다. 그들은 정말로 버릇이 없을까? 아마도 그럴 것이다. 하지만 한번 보자. 그들은 오래된 근로계약서를 갈기갈기 찢어버리는 사람들은 아니다."

**▪▪ X세대의 성향 1**      가족에 대한 끈끈함이 넘치다

### 1965년, 출산율 저하

X세대는 부모 세대와 달리 베이비붐을 겪지 않았다. 1960년

미국 식약청은 10년이 넘는 연구 끝에 Envoid-10의 유통을 허가했다. Envoid-10은 곧 필™(경구피임약)이라고 불리며 여성들이 자신의 미래를 결정하고 더 많은 선택을 나리는 데 도움이 되었다. 대학에 가거나 직장을 구하거나 또는 기술을 배우는 등 여성들이 임신 때문에 못했던 일들이 가능해졌다. 1960년대 이전만 해도 여성들의 직업은 교사, 비서, 간호사의 범주를 벗어나지 못할 정도로 한정적이었다. 하지만 여성들은 더 이상 결혼과 육아에 집착하지 않고 자신의 삶을 우선시한다. 원하든 원하지 않든 결혼과 임신 때문에 여성들이 대학에 가지 못했다는 뜻이 아니다. 피임약이 나오면서 고등학교를 졸업한 여성들이 자신들의 삶에 대해 더 많은 선택의 기회를 가졌다는 말이다. 1965년, 10년 만에 처음으로 출산율이 400만 명 아래로 떨어졌고, 이런 감소세는 1980년까지 지속되었다. 여성들은 교육에도 관심을 많이 가졌다. 20세기 초 전체 대학 졸업생 중 소수에 불과했던 여성들의 대학 졸업률이 오늘날에는 절반 이상으로 늘어났다. 여성들의 결혼비율은 1940년대에서 1970년대 중반 사이 47%로 떨어졌다.

여성해방운동이 시작되면서 이런 트렌드가 강화되었다. 1963년에 베티 프리단의 《여성의 신비》가 출간되고, 1996년 NOW가 출범한 이래 여성해방운동이 활발해지자 여성들은 결혼해서 가정을 꾸리기보다 이력을 쌓으려고 애썼다. 미디어가 이런 트렌드를 잘 반영했다. 미네폴리스 TV 방송국 제작자로 일하는 30대 독신여성의 이야기를 다룬 TV 시트콤 〈메리 타일러 무어 쇼〉는 큰 인기를 끌었다. 또한 많은 잡지들이 여성 독자들에게 성과 관련된 풍부한 정보를 제공했다. 〈코스모폴리탄Cosmopolitan〉은 모든 연령층의 여성들이 꿈꾸는 '섹시한 싱글'을 그리면서 최고의 인기를 구가했다. 아이를 적게 낳는(그리고 늦게 낳고) 트렌드는 영화에도 반영되는 것처럼 보였다. 악마의 아기를 낳은 여성의 이야기를 그린 〈악마의 씨Rosemary's Baby〉, 악령이 깃든 10살짜리 소녀가 등장하는 〈엑소시스트The Exorcist〉, 유망한 외교관이 입양한 아들이 악마의 자식임이 드러나는 〈오멘The Omen〉, 조디 포스터가 14살에 잔혹한 소녀 역을 연기한 〈리틀 걸The Little Girl Who Lives Down the Lane〉 등이 그런 류의 영화들이다. 그럼에도 영화 〈캐리Carrie〉에서 씨시 스페이식Sissy Spacek이 열연한 캐리의 모습이 가장 인상 깊다. 캐리는 초능력을 발휘해 자신을 괴롭힌 사람들을 몰살시킨다. 이외에 1970년대 후반 마이클 마이어스Michael Myers가 주연을 한 〈할로윈Halloween〉이 떠오른다. 할로윈 데이, 마이어스는 마스크를 쓰고 친구들을 무참히 살해한다. 이들 영화가 공포물에 불과할 뿐 아이를 적게 낳는 당시의 트렌드와 무관하다고 생각할 수 있다. 그리고 자신의 아이를 악마의 아이라고 생각하는 사람은 없다. 그럼에도 이 영화들은 1950년대의 영화들과 급격한 대조를 이룬다. 당시에 아이들이 저지른 잔혹한 일이라곤 〈페어런트 트랩The Parent Trap〉에서 쌍둥이 애니와 할리가 역할을 바꿔 아빠와 엄마를 재결합시키려 한 사소한 장난 정도였다.

피임약이 보급되고 여성해방운동이 활발히 진행되면서, 결혼과 육아에 집착하는 것이 시대에 뒤진 생각이라는 사회통념이 널리 퍼진 사실을 두고 볼 때, 최근 역사에서 X세대가 '가장 작은 세대'라는 점에 의심의 여지가 없다. 설상가상으로 1970년대에 베이비부머들의 이혼율은 50%에 달했다. 이는 X세대의 대략 절반이 가족의 와해를 겪었음을 의미한다.

## 가족에 대한 끈끈함이 넘치다

X세대는 베이비부머인 그들의 부모세대보다 결혼에 훨씬 신중했다. X세대 여성들이 30대 초반에 들어섰을 때, 그들 중 22%가 여전히 미혼이었다. 이에 반해 과거에 30대 초반의 베이비부머 중 여성들은 10% 미만이 미혼이었다. 그렇지만 이른 결혼을 꺼려하는 X세대의 성향이 관례를 무시하는 태도에서 비롯되지는 않았다. 그들은 결혼을 미루었을 뿐이다. 300쌍의 부부를 대상으로 부부 간 헌신하는 수준을 측정했더니 X세대가 가장 높은 점수를 기록했다. X세대는 그들의 부모들보다 자녀에게 더욱 끔찍하다. 그리고 가족과 함께 보내는 시간을 중요하게 생각한다. 이런 성향 탓에 X세대 관리자들은 부하직원들에게 야근이나 주말 근무를 요청하기 전에 거듭 고민한다. 또한 '열쇠 아동latchkey kids' 생활을 겪은 바 있는 X세대는 자녀들이 자신들과 똑같은 운명으로 고통 겪지 않기를 바란다. X세대가 초과 근무를 하지 않는다는 의미는 아니지만, 더 가치 있는 일에 시간을 투자한다는 말이다. 그들은 이를 위해 논리적인 이유를 찾으려 한다. 직장 상사가 미숙해서 초과 근무를 하게 된 점을 눈치 챈다면, 그들은 자신들의 시간을 빼앗긴 사실에 분개하고 상사의 미숙한 운영을 비난할 것이다.

**환멸의 1970년대**

1970년대, 베트남전을 두고 정부와 사회 지배층을 향한 반감이 거세졌다. 제2차 세계대전이 단합을 일으켰다면, 베트남전은 분열을 초래했다. 남북전쟁 이후 최초의 분열이었다. 미국 전체에 환멸감이 드리워진 가운데, 물가가 치솟았지만 임금은 변함이 없었다. OPEC이 미국에 석유금지조치를 내리면서 기름이 동났고, 주유소에 차량 행렬이 길게 늘어서는 모습이 흔했다. 인플레이션(물가상승)은 두 자리 수준을 기록했다. 물가는 치솟고 임금은 오르지 않는 이른바 '스테그플레이션stagflation'이 불어닥쳤다. 스테그플레이션은 경제불황 속에서 물가상승이 동시에 발생하고 있는 경제 상황을 뜻한다.

그 뿐만이 아니었다. 실업률은 8%를 넘어섰고, 나라가 최악의 불황에 빠졌다. 노동자들은 대부분 파업에 들어갔다. 곧이어 이슬람 혁명으로 반미 감정이 표출되면서 이란 테헤란 주재 미국대사관에 미국인 66명이 억류되었다.

1970년대가 베이비부머들에게 환멸의 시간이었다고 표현하는 것으로 부족하다. 현실은 말보다 더 암울했다. 1970년의 시작과 함께 사회생활을 시작한 이 히피들은 곧 생각보다 만만치 않은 현실을 실감했다. 대학에서 인간의 권리를 개선하겠다며 세운 꿈은 요원하게만 보였다. X세대 자녀들이 장래에 자신들의 삶에 영향을 미칠 많은 지표들을 습득하며 유년기를 보내는 시기에 베이비부머 부모들은 가혹한 시련과 고통을 겪어야 했다.

## 불신과 실망에 익숙하다

1970년대에 X세대 자녀를 둔 베이비부머들은 가혹한 나날을 보냈다. 경제가 최악의 상태로 치닫는 와중에 졸업한 그들은 취업난에 허덕일 수밖에 없었다. 그들은 워터게이트 사건, 석유금지조치, 스테그플레이션, 이란 인질 사건 등으로 인한 경제불황 속에서 살아남으려고 몸부림쳤다. 한편, 성 혁명sexual revolution이 거세짐에 따라 '자유 결혼'(부부가 서로의 사회적, 성적 독립을 승인하는 결혼 형태)과 혼전동거 같은 새로운 동거문화가 성행했다. 아니나 다를까, 이혼율이 50%를 넘어서고 분열된 가정이 늘어났다. 한편, 베이비부머들의 자녀들, 즉 X세대들은 이 모든 것을 옆에서 지켜봤다. 그래서 이들이 성장해 어린 시절에 대해 냉소적으로 환멸을 드러내는 것도 크게 놀랄 일이 아니다. 베이비부머들의 모토가 '우리는 행복한 큰 팀의 형제자매들이다'라면, X세대의 모토는 '아무도 널 신경 쓰지 않기에 네 자신을 소중히 하라'이다. 물론 모든 X세대가 이처럼 치열한 모습으로 거듭난 건 아니다. 어떤 이들은 긍정적인 태도를 잃지 않고 1970년대를 보냈다. 그리고 스스로를 환멸감에 빠진 냉소주의자가 아닌 행복한 실용주의자르 살아온 이들도 많다. 다만 사회적 분위기와 지표가 그러했다는 것이다.

## X세대, 메간의 기억

1970년대 하면 두 가지가 떠오른다. 네 살 때였나, 아버지가 일자리를 구하지 못해 고생하고 계실 때였다. 경제가 나빠서 돈 씀씀이를 줄여야 한다고 아버지는 말씀하셨다. 어느 토요일이었다. 아버지와 함께 주유소에 갔는데, 차들이 끝없이 늘어서 있었다. 영원히 주유할 수 없을 것 같았다. 그래서인지 아버지는 시간을 때우기 위해 놀이를 준비해오셨다. 놀이를 하며 아버지는 4달러 넘게 가지고 있으면 기름을 채우고 여행도 갈 수 있다고 말씀하셨다. 값비싼 것을 사고 싶은 유혹에 빠질 때마다 그 기억이 떠오른다. 물론 그 기억이 떠오른다고 해서 늘 그런 유혹을 뿌리치지는 못한다.

9살 때 일도 기억난다. 이란에 억류된 미국인들이 크리스마스에 집에 돌아오지 못할 것이라는 소식에 무척 걱정했었다. 또 그들이 가족과 함께 있지 못하는데 누가 그들에게 크리스마스 선물을 줄지 걱정했었다. 두 가지 일 외에 내 기억들은 격동의 시대라기보다 대부분 행복한 시간과 관련이 있다. 난 운이 좋았다. 가족의 소중함을 아시는 우리 부모님은 알코올이나 약물중독 같은 무분별한 생활을 하지 않으셨다. 주위 친구들은 대부분 그런 운을 타고 나지 못했다. 친구들 중 세 명이 15살도 안 된 나이에 가출을 했다. 한 친구는 14살에 낙태를 했다. 또 다른 친구 둘은 약물치료를 받아야 했고, 한 친구는 약물 과다 복용으로 결국 세상을 떠났다. 1970년대에 나는 순탄한 삶을 살았지만, 대부분의 사람들이 힘든 시기에 살고 있었고 내 친구들 대부분이 고통을 겪고 있었다는 사실을 당시에는 몰랐다.

## ** X세대의 성향 3          일을 흥미롭게 대하다

### 세서미 스트리트 법칙

1969년, 혁신적인 주말 TV 시리즈물 〈세서미 스트리트Sesame Steet〉가 첫 방송을 탔다. 즐거움을 주고 동시에 아이들 교육에도 좋아서 베이비부머들은 이 프로그램을 즐겼다. 부모들은 마음 놓고 자녀들에게 이 프로그램을 보여주었다. 아이들은 이 프로그램의 재미와 흥미로움에 쏙 빠져들었다. 이 프로그램을 제작한 조안 쿠니Joan Cooney는 교육의 효과를 얻고 싶어서 흥미로운 학습에 중점을 두었다. 노력은 헛되지 않았다. 대략 7,700만 명의 아이들이 〈세서미 스트리트〉를 시청했으니 말이다. 예나 지금이나, 〈세서미 스트리트〉가 다른 어린이 프로그램들과 확연히 차이 나는 특징이 있다. 번개 같은 속도다. 〈세서미 스트리트〉는 마치 기관총과 같다. 오스카 더 그로지Oscar the Grouch(세서미 스트리트의 캐릭터)가 읽기 수업을 하는 1분짜리 아동극이 펼쳐지고, 어른들과 어울리는 시간이 이어진 후 10초짜리 만화가 방송된다. 모든 것이 세 살짜리 아이가 가진 매우 짧은 집중 시간을 노린 것이고, 이런 방식은 효과적이었다. 12

년 후, MTV가 10대들의 프로그램에 이와 유사한 방식을 도입했다. 24시간 내내 비디오 디스크 자키가 음악을 소개하고록 뮤직 비디오가 흘러나오는 형태였다. 뮤직 비디오에서는 가수들의 영상이 번개 같은 속도로 터져 나왔는데, 대체로 시끄러운 록 음악을 배경으로 성적인 것을 암시하는 내용들이 잔뜩 있었다. 한 X세대 젊은이는 MTV를 두고 숫자, 글자, 발음에서 성, 약물, 로큰롤로 콘텐츠가 달라졌을 뿐 〈세서미 스트리트〉를 보는 것 같다고 말했다.

## 일을 흥미롭게 대하다

학습이 아이들의 '일'이라고 가정할 때, 〈세서미 스트리트〉와 MTV는 X세대 아이들에게 학습(X세대 아이들이 할 일)이 즐겁고 빠른 속도로 진행되어야 함을 인식하게 했다. 이런 맥락에서 X세대는 직장에서 빠르게 진행하고 즐거움을 누리는 일에 높은 가치를 둔다. 그렇다고 X세대가 회사에서 파티를 벌이거나 웃고 즐기기만 한다는 의미가 아니다. X세대는의 경우 업무에 마음이 이끌리기를 기대한다는 말이다. 이런 기대에 못 미치는 일에는 금세 싫증을 내는 경향이 있다.

팻 타이어Fat Tire 맥주를 만드는 뉴 벨지움New Belgium Brewery의 직원들은 대부분 X세대로 구성되어 있다. 그들은 사업에 공동으로 참여하고 수익에 대한 권리를 가지고 있어서 일에 열심히 임한다. CEO 킴 조단Kim Jordan은 콜로라도 주에 위치한 본사에서 전체 회의를 열어 직원들과 모든 재무사항을 공유한다. 뉴 벨지움의 X세대 직원들은 회사에서 열리는 정기 파티, 기념회, 바비큐 잔치, 야유회 등에서 가족과 함께 즐거움과 재미를 만끽한다. 뉴 벨지움은 1년에 한 번 온종일 진행되는 자전거 축제 투어 드 팻Tour de Fat을 후원한다. 모든 직원들이 이색적인 복장을 하고 양조장에서 열리는 자전거 행진에 참여하며, 전국 각지를 돌아다니며 펫 타이어 맥주를 홍보하기도 한다.

한 가지 유념해야 할 사항이 있다. '재미'라는 말은 세대에 따라 저마다 다른 의미로 쓰인다. 실례로 IT업계에서 기술영업 담당자로 일하는 X세대 데렉Derek은 팀의 리더 제임스James가 '재미'를 이끄는 태도에 대해 다음과 같이 반응했다.

"금요일이면 퇴근 후에 제임스가 여지없이 전략회의를 한답시고 자신이 즐겨가는 술집에 직원들을 불러 모아요. 제임스의 눈 밖에 나기 싫어서 자리에 참석하지만, 제 시간을 빼앗기니 무척 화가 납니다. 운동을 열심히 하고 있는데, 이 '회의' 때문에 운동할 시간을 빼앗기니 말이에요. 설상가상으로 제임스가 찾는 술집은 지저분하답니다. 그놈의 술집은 어두침침한데다 담배 연기가 가득하고 하루도 못 가서 무너질 것 같습니다. 우리가 그곳에 앉아 탁한 공기를 마시며 기침을 하고 있는 사이 제임스는 공짜 미트볼을 게걸스레 먹고 있습니다. 그가 우리의 개인 시간까지 빼앗으며 회의를 열려고 했다면, 최소한 우리에게 원하는 장소를 묻거나 시간이 되는지 물어봤어야 예의죠."

### 풍요했던 1980년대

베이비부머들은 이상주의와 1970년대의 혼란을 겪으며 생존하고자 하는 의지가 강했다. 그러다 소비문화와 성공하려는 욕구로 시선을 돌렸다. 물론 이런 전환은 감수성 예민한 청소년기에 접어든 그들의 자녀 X세대에게도 영향을 주었다. 레이건이 집권할 당시 경제가 크게 성장하여 X세대의 부모는 아파트에서 교외 3층짜리 저택으로 이사를 가고 폴크스바겐을 비머(BMW의 애칭)로 교체했다. 이런 모습을 많은 X세대가 지켜봤다. 그들은 1987년 10월 19일 '블랙 먼데이'에 전 세계 주가가 폭락하여 순식간에 전례 없는 투자손실이 발생하기 전까지 몇 년은 풍족한 삶을 살았다.

### 물질적 풍요를 바라다

1980년대에 성장기를 보낸 대다수 X세대는 풍족한 생활의 맛을 알기에 기꺼이 그런 생활을 성취하는 것이 일하는 목적이 되었다. 1993년에 캘리포니아 주립대학의 신입생들에게 경제적으로 풍족한 생활을 원하는지 물었는데, 그들 중 75%가 그렇다고 답했다. 〈리더스 다이제스트 Reader's Digest〉가 X세대 1,050명을 대상으로 한 설문에서는 74%가 다음 말에 동의했다.

"열심히 일하는 것이 앞서가는 비결이다."

### 열쇠 아동

1980년대에는 만연한 소비문화 속에서 맞벌이 가정이 흔했다. 대략 X세대의 절반이 일하는 엄마를 두었다. 당시 X세대 아이들의 대략 절반은 학교에서 돌아와도 반겨주는 사람이 없었다. 또한 X세대 아이들 중 40% 정도는 부모가 맞벌이를 해서 열쇠를 갖고 다니는, 이른바 '열쇠 아동'이었다. 그 결과 X세대는 자립심이 강해졌다. X세대는 〈리치몬드 연애 소동Fast Times at Ridgemont High〉, 〈조찬 클럽 The Breakfast Club〉, 〈페리스의 청춘Ferris Buller's Day Off〉과 같은 자립심 강한 X세대를 주인공으로 한 영화를 즐겨 봤다. 마케터들은 이런 X세대의 자립심을 타깃으로 삼았다. 한 광고잡지 회사에 따르면, 미국 육군의 슬로건 '원하는 무엇이든 되라.Be all you can be'가 X세대의 가치에 부합되지 않다고 판단하자, 이 슬로건을 '개인이 모인 군대Army of One'(사병들을 무뚝뚝하고 자기중심적인 개인주의자들로 그려내어 홍보한 결과 군고위간부들과 퇴역군인들의 반발이 심했다)로 교체했다. 그러자 미 육군 웹사이트의 일일 조회 수가 7,300건에서 3만 건으로 늘었으며, 지원자 수가 목표치에 도달했다.

### X세대, 메간의 기억

어린 시절, 나는 혼자서 시간을 잘 보내는 아이로 통했다. 그 모든

게 좋았다. 흥미롭고 재밌지만 내가 잘 드러나지 않는 활동이 좋았다. 그런 활동 속에서 내 욕구를 충족하고 상상도 못할 자유와 즐거움을 누렸다. 지금도 나는 이와 비슷한 상황에서 가장 만족한다. 과거에 학교에서, 현재 회사에서, 나는 스스로 사고하고 혼자 일할 수 있는 프로젝트에 이끌리고 그런 생활을 할 수 있는 일을 선택한다.

우리 회사에서도 자연스럽게 그런 환경을 조성해왔다. 우리 회사에 소수의 X세대와 Y세대 직원들이 있는데, 모두 재택근무를 한다. 주로 전화나 이메일, 트위터를 통해 연락한다. 2주에 한 번 화상회의를 통해 직원 전체가 모이고, 분기에 한 번 사무실에 모여서 회의를 한다. 우리 회사에서는 아무도 직함이 없다. 호칭은 자유다. 직원들은 기분에 따라 직함을 바꾸곤 한다. 그것도 재미가 쏠쏠하다. 우리는 모두 회사의 목표와 각자의 역할을 잘 알고 있다. 그래서 일하고 싶을 때 일하고 목표를 달성할 때까지 근무 시간을 조정해가며 일을 한다. X세대의 유토피아라고 할까.

## 독립적인 성향이 강하다

회사에서 X세대 직원들은 자립심이 상당히 강한 편이다. X세대의 성향을 두고 흔히 이런 말을 한다. "어떤 일을 해야 하는지 말해줘, 그 일을 하는 데 필요한 도구를 내게 줘, 그것들을 활용할 수 있도록 날 훈련시켜 줘. 그 다음 날 혼자 내버려 둬!"

X세대 직원들은 필요한 경우를 제외하고 굳이 팀을 이루어 일하려

하지 않고 납득하지 못하는 규칙에 얽매이기 싫어한다. 2000년대 초, 기업에서 재택근무제와 근무시간 자유선택제를 밀어붙인 사람들이 바로 X세대다. 전통세대와 베이비부머 세대가 이에 반대할 때마다 종종 X세대로부터 이런 질문공세를 받았다.

"왜 안 되는 거죠?"

최선책은 X세대가 스스로 일하도록 내버려 두는 것이다. 그들이 팀에서 큰 열의를 보이지 않는다 해도 고민할 필요가 없다. 그들이 다른 사람들과 어울려서 일하지 못해서가 아니다. 또한 그들에게 협동정신이나 팀워크가 부족하다 해서 실망할 필요가 없다. X세대는 '근무시간을 채운만큼 대가를 지불받는' 개념을 잘 받아들이지 못한다. 대개 부모와 함께 하지 못한 10대 청소년기를 보내면서 그들은 스스로 문제를 해결하는 나름의 방법을 터득해왔다. 그래서 그들은 회사에서 '승진 가능성이 불확실한 상황에서 시간을 소비하는 것이 시간뿐 아니라 재능을 썩히는 일'이라고 여긴다. '일을 할 수 있다면, 근속년수에 상관없이 승진해야 한다', 이것이 X세대의 모토다.

**▪▪ X세대의 성향 6**　　　　　맹목적인 애사심은 NO!

### 실직한 부모를 지켜보다

1990년 7월, 미국은 일시적인 불경기에 접어들었다. 여러 가지 이유 때문에 경기가 회복된 이후로도 노동시장은 장기간 침체되었다. 화이트컬러 전문직과 중간 관리직이 심하게 타격을 입었다. 1993년 말, 직원들에게 '평생직장'을 보장하는 회사로 유명한 IBM이 1만 명을 감원했고, GM이 21개 공장을 폐쇄한다고 발표했다. 글로벌 소비재 기업 P&G는 1만 3,000명을 감원했다. 제록스, US항공, 마틴 마리에타를 비롯한 많은 기업들이 곧 정리해고를 하겠다고 공표했다. 당시 대부분 10대나 20대 초반이었던 X세대는 부모님들이 긴 세월 동안 회사에 몸 바쳐 일해 놓고도 무더기로 휴가를 보내는 모습을 지켜봤다.

## 맹목적인 애사심은 NO!

X세대는 애사심에 대해 의문을 가진다. 자신들의 부모나 친구들의 부모에게 일어난 일을 목격해서인지 X세대는 애사심이나 협동정신, 행복한 대가족 등의 개념에 대해 냉소적인 태도를 보인다. 그들의 생각은 이런 식이다.

"그래, 회사가 매각되거나 불황이 닥치기 전까지 우리는 행복한 회사 구성원이지. 그런 일이 벌어지면 누구나 스스로 헤나가야 돼."

경제가 불안하다면, 이런 태도가 올바를지 모른다. 그러나 평소 이런 태도를 취하다보면, 좋은 기술을 습득하거나 괜찮은 기회가 생기는 즉시 회사를 떠날지 모른다. 2005년에 1,500명이 넘는 X세대를 대상으로 실시한 조사를 살펴보자. 그들 중 77%가 지적 자극을 더 느낄 수 있는 곳이 있다면 어디로든 이직하겠다고 답했다.

가정과 가족에 헌신하려는 의지가 강함에도 불구하고 X세대는 대개 '회사와 결혼' 하는 데에 선을 긋는다. X세대가 회사에서 열심히 일하지 않는다는 의미가 아니다. 카탈리스트Catalyst의 연구에서 X세대의 80%가 회사의 운명에 대해 큰 관심을 가지고 기대보다 훨씬 더 노력을 쏟아 부으려 한다는 결과가 나왔다. 그러나 그들은 회사에 평생 헌신하려 하지는 않는다. 조직의 무능력을 현실적인 눈으로 바라보기 때문이다. X세대는 늘 이직을 염두에 두고 현재 하고 있는 일에서 가치를 찾는다. 따라서 그들은 번거로운 정책과 절차로 인해 시간이 소모되는 것을 참지 못한다. X세대 직원이 즉시 회사를 떠나게 하는 확실한 방법이 있다. 가치를 느끼는 못하는 업무를 맡기면 된다. 이렇듯 X세대는 스스로 가치 있다고 느끼는 일에 많은 노력을 쏟아 붓는다. 자신의 일이 중요하고, 일에서 뭔가를 배우거나 재미를 느끼면서 일을 잘 해보려는 동기를 자극 받는 것이다. X세대는 틀에 박히고 적당히 해도 상관이 없는 일에 흥미를 느끼지 못한다. 그리고 바보 같은 일을 한다는 생각이 들면, 왜 그런 일을 시키는지 묻거나 그 일을 아예 쳐다보지도 않을 것이다. 단순히 업무를 지시하라는 말이 아니다. 도전하고 흥미를 느끼고 성장의 기회를 가질 수 있는 업무를 지시하라는 말이다. 그렇게 한다면 좋은 결과를 얻을 수 있다. 자립심이 어느 세대보다 강한 X세대의 성향 때문에 그들은 동료들이나 팀, 회사의 성과보다 자신들의 능력을 인정받고 싶어 한다. 그들은 어린 시절 '나 홀로 집에' 생활을 많이 했는데, 혼자 TV 보고, 혼자 비디오 게임을 하고, 단체 스포츠보다 1인 스포츠에 흥미를 느꼈다.

스포츠를 즐기는 베이비부머들은 풋볼, 농구, 야구, 하키, 축구 같은 단체 스포츠에 이끌리지만 X세대는 개인의 성과를 중시하는 스포츠를 더욱 즐긴다. 가령 번지점프, 에코 챌린지 Eco-Challenge, 인라인스케이트, 스케이트보드, 스카이서핑, 인공암벽등반, 스트리트 루지, 산악자전거 타기 등의 스포츠가 각광을 받고 있다.

---

**X세대, 메간의 기억 | 나는 X세대다**

20대 중반이었을 때다. 샌 디에고 콜로라도 호텔에서 회사 컨퍼런스가 열렸다. 컨퍼런스에 참여하게 되어 무척 기뻤지만, 안면이 없는 다른 팀 관리자와 같은 방을 쓰게 되어 당혹스러웠다. X세대의 관점에서 웃기는 일이라 생각했다. 비용이 문제라면, 값싼 호텔을 잡아서 나 혼자 방을 쓰는 편이 나았다. 컨퍼런스는 4일간 진행되었다. 회사에서 타 부서 사람들과 유대를 맺으라고 같은 방을 쓰게 한 것으로 알지만, 어차피 저녁마다 저녁식사 자리나 칵테일 모임에서 타 부서 사람들과 충분히 인사하고 교류할 수 있었다. 방을 함께 쓰면서 사생활을 간섭 받는다는 생각만 들었다. 하루 종일 회의를 하느라 쉴 시간이 없었기 때문에 방에 들어오면 지쳐 쓰러지기 바빴지 함께 방을 쓰는 사람과 얘기를 나눌 여유가 없었다. 심지어 잠을 자면서도 일하는 기분이 들었다!

마지막 날은 자유시간이었다. 골프를 치거나 씨월드 Sea World에 가거나 둘 중 하나를 선택하면 되었다. 골프를 치지 않는 나는 씨월

---

드에 가기로 했다. 우리 상사가 빈틈없이 지켜보는 가운데 20명 정도가 씨월드를 관람했다. 관리자 몇 명이 우리와 함께 했기 때문에 일 이외에 다른 얘기를 하기가 불편했다. 하루 종일 범고래를 구경하면서도 시장점유율 따위에 대해 얘기하기 바빴으니 말이다. 어느 순간 내 상사(베이비부머)가 나를 향해 웃는 얼굴로 이렇게 말했다. "할 만하지, 그렇지?"

이런 생각이 들었다. "일하고 있는 거구나! 범고래가 재주를 부리는 사이에 우리는 일을 하고 있었다."

이 글을 읽는 베이비부머들 중에는 내가 불평만 하고 감사할 줄 모른다고 생각하는 분들이 계실 것이다. 분명히 그럴 것이다. 하지만 이것이 세대차이다. 아무리 오랫동안 회의를 해도 상관이 없다. 사실, 나는 함께 참여하고 상호 소통하는 것을 좋아하고, 저녁식사 후에 열리는 행사에서 수다를 떠는 것도 일의 일부라고 생각한다. 하지만 X세대가 팀워크를 발휘한다는 게 쉽지 않고 일만 하는 것을 의미하지 않는다. 사생활도 내게는 중요하다. 일이 보람되면, 일과 사생활의 균형을 맞출 수 있다면, 우리 X세대는 밤을 세면서 일할 것이다.

그리고 우리는 외톨이 늑대 생활을 즐기는 만큼 다른 사람들과 협력하면서 즐겁게 일한다. 내가 운영하는 회사에서 나는 퇴근한 후에 '팀 빌딩 team building' 활동을 벌인다. 이런 활동을 통해 우리는 즐겁게 어울리며 회사생활을 하는 방법을 찾는다. 직원들이 저마다 의견을 내놓으면 투표를 해서 결정하는 방식이다. 야유회를 가서는 일 얘기는 하지 않지만, 모든 것을 터놓고 얘기한다. 우리는 야유회를 서로를 알아가는 방법으로 잘 활용하고 있다.

    얼마 전, Y세대 직원을 데리고 출장을 떠났다. 전 직장에서 경험했지만 누구나 그만의 영역을 갖도록 해주어야 한다. 그래서 나는 다음날 아침에 그녀에게 혼자서 방을 써서 어땠는지 물어보았다. 그녀는 외로웠다고 말했다. 나는 의외의 답변에 깜짝 놀랐다. 그녀는 출장을 떠난 것도 혼자서 호텔방에서 지낸 것도 처음이라고 털어놓으면서, 페이스북이라도 할 수 있어서 그나마 다행이었다고 말했다.

## ▪▪ X세대는 이렇다!

방과 후 부모도 없이 불행한 어린 시절을 보냈음에도, X세대는 근면하고 책임감 있고 가정을 소중히 하는 성인으로 자라났다. 회사에서는 어쩔 수 없이 팀에 소속되어 일을 해야 하지만, X세대는 '단독비행'을 선호하는 경향이 강하다. 그들은 정책이나 절차, 규칙에 얽매이기 싫어하는데 개선되지 않는 한 대개 그것들을 무시한다. X세대는 대개 획일적인 규칙을 거부하는 대신 개인적·직업적 발전을 위해 스스로를 다그친다. 그래서 앞 세대인 전통세대와 베이비부머 세대와 달리 그들은 자신이 속한 조직보다 스스로에게 더 충실한 편이다.

    관리자는 X세대 직원들이 업무를 원활히 하도록 교육하고 필요한 자원을 제공해야 한다. 그리고 목표를 분명히 제시하며 판에 박힌 틀에서 벗어나도록 지원하는 게 좋다. X세대 직원들을 부하직원이 아니라 동료로 생각해야 한다. 한편, X세대는 권위를 위한 권위를 거부하는 경향이 강하다. 그들의 멘토가 되어 그들이 발전하고 관리자를 존중하도록 이끌어야 한다. 그들 위에 군림하고 그들이 터무니없다고 여기는 규칙을 지켜야 한다고 강요하지 마라. 그들은 관리자의 등 뒤에서 또는 퇴사한 후 관리자를 비웃을 것이다.

"아이들은 부모를 사랑함으로써 출발하고,
나이가 들면서 부모를 평가하며,
때때로 부모를 용서하기도 한다."
오스카 와일드Oscar Wild | 《도리언 그레이의 초상, 1891》에서

## ▪▪ 합당한 근거의 필요성

1990년대 중반에 이르자, 기업들은 X세대를 조직의 울타리 안으로 품는 문제를 두고 골머리를 앓았다. 현재 30대 초반에서 40대 초중반에 접어든 X세대는 자기중심적이고 골드칼라gold-collar(정보와 지식으로 높은 생산성을 창출하는 고도의 전문직 종사자)나 회사의 주역이 되어야 한다는 생각이 강하다. 그리고 일이나 조직이 아닌, 가정과 가족으로 초점을 돌렸다. 이제 X세대는 어떤 조직에서든 중심으로 우뚝 섰다. 사례 하나를 소개한다. 테어Tarre라는 치과 위생사의 이야기다.

이 책을 쓰는 데 도움을 얻기 위해 두 아이의 엄마이자 치과 위생사로 일하는 테어라는 X세대 여성과 면담했다. 테어는 치과의사 두 명, 위생사 일곱 명과 함께 일하고 있었는데, 일을 즐기면서 하고 다양한

환자들을 만나는 것을 좋아했다. 어느 날 시술 도중 최고령의 전통세대 의사가 충치 구멍을 때우겠다고 환자에게 말했다. 그런데 테어는 그 의사가 잘못된 판단을 내렸다고 생각했다. 환자의 충치가 너무 심해서 뽑아버려야 한다는 판단이 들었다. 테어는 즉시 환자에게 의견을 얘기하고, 나이 든 의사에게도 다른 방법을 써야 한다고 말했다. 그런데 진료실을 나오자마자 나이가 지긋한 의사는 함부로 의견을 내놓지 말 것이며 다시는 환자 앞에서 나를 무시하지 말라며 테어에게 쏘아붙였다. 귀가 따가웠지만, 테어는 앞으로 주의하겠다고 답했다. 그로부터 1주일 후, 휴일이었다. 관리직원이 병가를 낸 위생사 대신에 출근할 수 있는지 테어에게 연락을 해왔다. 테어는 관리직원의 부탁을 거절했고 그 이유를 이렇게 설명했다.

"보통은 도움을 주는 것이 기분 좋죠. 정신없이 바쁜 날은 손이 모자란 경우가 많다는 걸 저도 알아요. 하지만 그날 일어난 일을 생각해보세요. 환자를 위해 제 의견을 따랐어야 했어요. 제가 팀의 일원이라는 생각이 들지 않았어요."

X세대는 합당한 이유 없이 조직의 규칙을 따르려 하지 않는 편이다. 그래서 테어가 고령의 치과의사에게 취한 태도는 그리 놀랄 일이 아니다. 이 책의 공동저자인 메간을 비롯해 우리와 가까운 X세대 지인들도 아마 테어와 같은 태도를 취했을 것이다. 예절을 엄격히 따지는 전통세대나 베이비부머 세대라면 나이 든 의사의 편을 들지도 모른다. 가령, 이런 식의 태도를 취할 것이다.

"테어는 그 전통세대 의사에게 실수를 했네. 만약 테어가 치과대학을 졸업해 인턴을 거쳐 20년 정도 경험을 쌓았다면 고령의 치과의사에게 조언도 해줄 만하지. 하지만 아무리 그래도 환자 앞에서 그러는 건 아니야."

전통세대나 베이비부머 세대의 관점에서는 납득이 가는 얘기다. 그 의사의 태도가 옳았다는 소리가 아니다. 테어가 병원에서 가치 있는 자산이며 그녀를 계속 필요로 한다면, 테어의 태도를 비판하기보다 X세대인 그녀의 성향을 파악하여 달리 접근했을 것이다. 다음과 같은 X세대의 성향을 고려해야 한다.

- X세대는 직함, 직급, 지위보다 성과, 지식, 효율성을 높이 산다.
- X세대는 개별적 기여를 원한다. X세대도 훌륭한 '팀 플레이어'가 될 수 있지만, '팀에 나란 없다'는 상투적 말에 감화되지 못한다. X세대는 팀에 자신이 있음을 잘 안다. X세대는 그런 사람들이다.
- X세대 직원들은 자신들의 업무가 가치 있고 그만큼 보상을 얻으리라 기대한다.
- X세대는 자신들이 소중한 존재로 대우 받기 바란다. 전통세대나 베이비부머 세대는 별다른 관심을 바라지 않지만, X세대는 '골드 칼라' 세대이며 그런 방식에 익숙하다. 실례로 여러 대기업이 X세대에게 혜택을 주는 일환으로 카페테리아에서 건강식품을 제공하고, 현지 체육관이나 데이케어 시설(미취학 아동, 고령자, 신체장애자 등을 주간에만 돌봐주는 일)을 마련하고, 조직화된 운동팀을 운영한다. 뉴 벨지움은 커피 바를 운영하고 있는데 이탈리아에서 수입한 값

비싼 에스프레소 머신도 갖추고 있다.

- X세대는 가족보다 일을 우선시하는 베이비부머 세대와 달리 가족에게 초점을 맞추고, 일과 가족 사이의 균형을 유지하고 싶어 한다. X세대는 밤늦게까지 일하거나 업무에 모든 것을 바치지는 않지만, 이유가 합당하면 그렇게 한다.
- X세대는 〈세서미 스트리트〉와 비디오 게임을 처음으로 접한 세대로서 지루함을 잘 참지 못한다. 그래서 그들은 빠른 속도로 진행되고 흥미를 자극하는 활동에 열심히 참여한다.
- X세대는 무조건 충성하지 않는다. 1990년대의 불황기에 고생하는 부모님을 곁에서 지켜봤기에 X세대는 스스로를 먼저 챙기려는 성향이 강하다.

테어 같은 X세대 직원들을 관리하는 관리자는 그들과 함께 하기 위해 몇 가지 전략적 목표를 견지할 필요가 있다.

- 관심과 흥미를 유지하게 한다.
- 통찰이나 아이디어에서 최대의 성과를 끌어낸다.
- 조직 내에서 발전할 수 있는 경력 경로를 만든다.

## ■■ X세대 관리 비결

X세대는 1960년대 중반에서 1990년대 중반의 지표들의 영향을 받으

면서 성장했다. 베이비부머 세대와 다른 환경에서 자란 X세대는 육아보다 직장 일을 우선시하고 가족과 충분한 시간을 가지지 못했던 시대를 겪었다. X세대는 또한 어려서 1970년대의 스테그플레이션을 겪었고, 1990년대 초 청소년기를 거치면서 주위 어른들이 해고 당하는 것을 직접 목격했다. 그래서인지 자라면서 신중하고 독립심이 강해졌고 일과 삶의 목표를 확실히 정하게 되었다. 이런 X세대의 성향을 인식하고 그에 맞는 관리방식을 알아보자.

## 1. 개개인의 성과를 인정하라

업무를 원활히 수행하기 위해, 팀 전체의 성과에 더해 X세대 직원들 개개인의 성과를 널리 알린다. '팀플레이'가 중요한 환경이라 해도 어느 정도는 개개인이 빛을 발할 수 있는 업무환경을 조성해야 한다. 버니스[Bernice]는 대형 신용카드 회사에서 구성원들이 대부분 X세대인 마케팅팀을 이끌고 있다. 그런데 그녀는 직원들에 대한 보상에 늘 중요한 의미를 부여한다고 한다. 버니스는 이렇게 말했다.

"아주 간단해요. 팀원들 중 한 명이라도 훌륭한 아이디어를 내거나 골치 아픈 문제를 해결하는 데 도움을 줄 경우, 이 사실을 이메일을 통해 모든 직원들에게 알리죠. 그렇게 하면 팀원들이 인정 받는다는 사실에 뿌듯해하며 일을 더 열심히 해요. 게다가 전 바보가 아니에요. 내년에 팀의 누군가가 제 상사가 될지도 모르잖아요."

이런 생각이 들지 모르겠다. '그래, 버니스, 너는 네가 원하는 것을 얻기 위해 팀원들에게 아첨하고 있는 것뿐이야' 이에 이렇게 답하고 싶다. '물론이지, 개인의 성과를 공정하고 정직하게 알린다면 문제 될 것이 없어!'

## 2. 평등한 권한을 갖는 팀을 만들라

X세대가 개인의 성과로 인정을 받고 싶어 한다고 해서 그들이 동료들과 협력하지 않는다는 뜻이 아니다. X세대는 팀 내의 소규모 그룹이나 동료들 사이에서 지지를 얻고 싶어 하는 경향이 있다. 그래서 그들은 같은 팀이라는 사실보다 직업이 같은 사람들끼리 서로 존중한다는 의미에서 동료들과 관계를 맺는다.

유전공학 회사에서 연구원으로 일하는 샘Sam의 이야기를 들려주겠다. X세대인 샘은 1993년에 대학을 졸업하고 회사를 일곱 번 옮겼다. 지금 다니는 회사에는 3년 전 쯤에 입사했고, 다른 무엇보다 동료 연구원들과 함께 일해서 정말 행복하다고 말했다.

"근무환경이나 급여조건이 이곳보다 월등히 좋은 회사들을 거쳤지만, 늘 뭔가를 잃었어요. 동료 연구원들과 끈끈한 관계를 전혀 맺지 못했던 것 같아요. 나이도 문제였어요. 나이가 어린 저는 나이 많은 연구원들과 함께 나눌 만한 것이 없었어요. 되돌아보니, 그들을 이해하려는 노력이 부족했던 것 같아요."

샘은 한 마디 더 했다.

"지금 함께 일하는 동료들은 정말 훌륭해요. 함께 하는 시간이 좋고, 중요한 일도 잘 처리하고, 늘 서로에게 배우죠. 업무마감일이 가까워오거나 스트레스가 심할 때 동료들이 옆에 있다는 생각을 하면 힘이 솟습니다."

온갖 유형의 사람들이 모여서 팀을 이루지만, X세대에게 성공하는 팀이란 각자가 목표를 달성하는 데 도움이 되는 재능을 갖추고 서로 동기를 자극하는 사람들이 모인 집단이다. 그런 팀은 목표를 세우고 구성원들이 각자 직무를 완수한다. 팀 구성원들은 바람직한 성과를 얻는 한 각자의 방식에 따라 업무를 수행하며, 이메일이나 문자메시지, 화상회의를 통해 의견을 나누거나 파티션 너머로 얼굴을 내밀며 업무 협의를 한다. 결국, 이런 식으로 함께 모여 조각 맞추기를 하듯 골치 아픈 문제를 함께 해결해간다. 이런 거미집 같은 체계에서 X세대는 만족스런 경험을 한다. 목표를 달성하기 위해 각자 직무를 수행해 나가면 되지 애정을 가지고 서로를 꼭 껴안거나 '화이팅'을 외칠 필요는 없는 것이다.

## 3. 실력주의 문화를 조성하라

사전에서 '실력주의'의 의미를 찾아보면, 능력에 따라 평가하려는 태도라는 의미가 나온다. 누구와 관계가 있고 얼마나 오래 근무했고 품행이 어떤지에 관한 말은 나오지 않는다는 점에 주목해야 한다. 인텔은 '실력주의'를 공식 정책의 일부로 삼았다. 다음은 인텔의 규정집에 나오는 일부인데, 특별히 X세대에게 알맞은 환경을 조성해야 한다는 의미로 보인다.

많은 도전이 주어지고 급속히 진행되는 인텔의 업무환경은 경쟁이 치열하고 나날이 진화하는 첨단 산업에서 성공을 지속하기 위한 필수 조건이다. 인텔은 성공을 보장하는 업무 풍토를 유지하면서, 직원 개개인에게 엄정하게 대하려고 애쓴다. 인텔의 원칙을 살펴보자.

- 실력주의에 기초한 보상제도를 통해 개인의 성과를 보상한다.
- 발전과 성장의 기회, 직원들이 역량을 계속해서 넓혀나갈 수 있는 환경을 만든다.
- 직원들이 인텔의 성공을 함께 나눌 수 있는 시장 경정적 보상과 급여 체계를 마련한다.
- 문제를 두고 열린 소통을 함으로써 즉각 해결방안을 찾는 환경을 조성한다.
- 모든 직원들에게 안전하고 안정된 업무 환경을 제공한다.

X세대는 조직의 규정에 얽매이고 싶어 하지 않는 경향이 있다. 특히 간섭 받기를 싫어한다. X세대가 조직에 등을 돌리게 하고 싶으면, 성과가 아닌 인맥을 통한 승진을 보여주면 그만이다. '당신이 아는 것이 아니라 당신이 아는 사람이다. 그것이 중요하다'라는 옛말은 X세대의 냉소벽을 부추긴다. 분명히, 더 나은 방법은 오로지 실력에 따라 승진시키고 급여를 인상하며 여러 자유 재량권을 부여하는 것이 중요하다. 얼마 전, 우리 의뢰인이기도 한 중소제조회사의 CEO가 퇴직하는 영업 책임자를 대신할 인력을 찾았다. 그는 X세대 직원 두 명 중 한 명을 영업 책임자로 진급시킬 생각이었다. 한 사람은 영업 실적이 우수했지

만. 성격이 괴팍했다. 다른 한 명은 영업 실적이 별 볼일 없었지만, 직원들 사이에서 인기가 대단했다. 실력주의 원칙을 엄격히 따른다면 영업 실적이 높은 직원을 선택해야겠지만, 이런 선택은 훌륭한 인성이 화합에 미치는 영향을 떨어트린다. 누구를 선택하든, 선택되지 않은 사람이 상처를 받지 않도록 해야 한다. 이런 난제로 인한 부정적 결과를 최소화하기 위해, 관리자는 실력의 기준이 판매 실적에 국한되지 않는다는 점을 분명히 해야 한다. 그렇게 하지 못한다면, 승진하지 못해 낙담한 직원뿐 아니라 승진 대상에서 제외된 다른 X세대 직원들이 불만을 품을 우려가 있다.

## 4. 생활방식을 유지하도록 도와라

부모님이 마지못해 하루에 14시간씩 일하면서도 몰인정하게 해고를 당하는 모습을 똑똑히 지켜보았기에, X세대는 매달 받는 월급보다 자신들의 삶을 더 중시하는 성향을 가지게 되었다. 그래서 X세대는 돈에 집착하지 않고 일을 즐기는 경향을 보이기도 한다. 초등학교에서 미술을 가르치는 마가렛<sup>Margaret</sup>의 사례다. 자칭 예술가인 마가렛은 미술을 전공했지만, 미술로는 생계를 이어갈 수 없다고 생각했다. 그러다가 그녀는 22살에 미술 선생인 친구의 아버지를 만나면서 생각을 달리 했다. 그녀는 우리에게 이런 말을 했다. "친구 아버님이 하루 일과를 들려주셨어요. 아이들과 함께 시간을 보내고 작품 활동도 하셨어요. 정말 훌륭해 보였어요. 바로 제가 꿈꾸던 삶이었어요."

이후 마가렛은 공부를 다시 시작하여 교사 자격을 취득했다. 그로부터 한 달도 지나지 않아 두 학교로부터 입사 제안을 받았다. 한 학교는 여러 모로 조건이 좋고 급여도 높았지만, 집에서 45분 거리에 있었다. 그 학교를 다니면 출퇴근 시간이 너무 길어서 퇴근 후에 작품 활동을 할 여유가 없었다. 다른 학교는 설립된 지 얼마 되지 않았고 걸어서 10분 거리에 있었다. 그 학교를 다니면 형편없는 급여를 받아야 했지만, 다른 학교에 없는 시설 좋고 넓은 미술실을 사용할 수 있었다. 마가렛은 후자 학교를 선택했다. 그 학교에서 근무한 지 벌써 8년이 지났다.

이런 선택을 내리는 X세대들이 많을 것으로 보인다. X세대는 직장을 구하면서 급여를 중요하게 생각하기도 하지만, 급여를 유일한 조건으로 삼지는 않는다. 오히려 급여를 아예 관심 밖에 두기도 한다. 유능한 X세대 직원을 고용하고 유지하고 싶다면, 그들이 꿈꾸는 생활방식을 유지하도록 도와야 한다.

## 5. 탄력 있는 근무제도를 시행하라

통계 회사에서 일하는 셰일라Sheila가 말했다.

> "나를 규정 짓는 일을 통해서가 아니라 일 이외의 것에서 나를 만들어 간다."

자립심, 책임감, 자신감 같은 X세대의 여러 장점들은 '열쇠 아동' 같은 세대 지표의 영향을 받았다. 흥미롭게도, X세대는 대부분 자식들에게 자신들의 운명을 물려주고 싶어 하지 않는다. 그래서 근무시간 자유 선택제, 화상회의, 재택근무, 직무 분할, 시간제근무 등이 가능한 만족스런 직업을 가지는 것만큼 아이들과 함께 보내는 시간을 중요시한다. 이는 여성들에게만 국한되지 않는다. 〈scouting.com〉에 따르면, 2006년에서 2009년 사이에 미국에서 '살림하는 아빠'의 수가 세 배나 늘었다. 현재 X세대 네 명 중 한 명 이상이 일종의 탄력근무 시간제에 따라 업무를 수행하는 것으로 보인다. 미국에서 X세대는 1990년대에 사회에 진출한 이래 재택근무를 정착시키려고 애써왔다. 그 결과 오늘날 여러 업종에서 재택근무가 흔해졌다.

　미국계 보험회사 AFLAC은 10시간 주 4일 근무제와 12시간 주 3일 근무제를 운영한다. 아럽$^{ARUP}$의 연구소들은 기술지원 부문에 '1주일 일하고 1주일 쉬는' 형태의 근무제도를 지원한다. 직원들은 이 제도에 따라 하루 10시간 1주일을 근무하고, 다음 1주일을 내리 쉰다. 1주일에 총 70시간을 근무해도 80시간을 근무한 급여를 받는다. 업무시간이 1년에 총 26주가 안 되어서 초과 근무수당을 받지 못하기 때문이다.

　텍사스 인스트루먼트$^{Texas Instrument}$는 직원들이 사정에 따라 근무시간을 조정하는 제도를 지원한다. 가령 아이가 아파서 결근을 해야 하는 상황이라면, 그날은 집에서 업무를 볼 수 있다. 진료 예약을 해놨다면, 진료를 받고 늦게 출근해서 늦게 퇴근할 수 있다. 해외 사무소와 밤늦도록 화상회의를 한다면, 다음 날 늦게 출근하면 된다.


　X세대가 일보다 가족을 우선시한다면, 탄력 있는 근무제도는 X세대 직원을 보유하기 위한 필수조건이다. 이런 필수조건을 충족하지 못한 X세대 직원들은 머지않아 다른 직장을 알아볼 것이다.

## 6. 이직 준비를 도와라

X세대의 관점에서, 고용 안정은 이직할 수 있는 능력에서 비롯된다. 한 회사에서 20년을 근무한다는 것은 X세대에게 비현실적인 이야기다. 1990년대 초반의 불황기에 기업들이 조직을 재편하면서 부모님들이 배신하는 모습을 똑똑히 목격했기 때문이다. 그래서 X세대는 모든 일을 일시적 임무 정도로 생각하는 경향이 있다. 이런 측면에서 X세대는 피고용인보다 독립적 계약자에 가깝다. 그래서 X세대 직원의 교육에 투자할 필요가 없다는 말에 귀가 솔깃할 만하다. 어쨌든 곧 회사를 떠나는 사람들에게 왜 돈을 쓰냐는 생각인 것이다. 그런데 모순되게도, 흔히 반대의 현상이 나타난다.

직장에서 직원 교육이 부실하거나 아예 직원 교육을 하지 않는다는 이유로 직장을 그만둔 X세대를 우리는 많이 만나봤다. 한 요양원 관리자는 요양보호 자격 취득 프로그램을 도입한 이후 이직률이 110%에서 76%로 떨어졌다고 말했다. 이후 간호학교 입학을 목표로 한 전문 프로그램을 운영한 결과, 이직률은 27%까지 떨어졌다.

이 결과는 〈The Gerontologist〉에 게재된 피츠버그 대학의 연구결과에서 확인되었다. 즉, 요양보호사들이 이직을 고려할 때 훈련, 보상, 업무량을 가장 먼저 따져본다는 것이다. 간단히 말해서, 요양보호사들은 충분한 훈련과 보상을 받고 적당한 업무량을 유지한다고 생각할 때 기존 직장에 그대로 머무르는 경우가 많았다. 그들이 훈련을 최우선시했다는 사실에 주목해야 한다. 텍사스 주 샌 안토니오에 스재한 금융 서비스 회사 USAA는 군인들과 그 가족들에게 보험, 은행 서비스, 투자 서비스 등을 제공하고 있다. 연 수익 120억 달러를 달성한 USAA는

〈포춘〉의 500대 기업 중 189번째 기업으로 꼽힌다. USAA가 자랑하는 세계 최대 규모의 통화 자동분배 시스템을 통해 하루에 처리되는 고객 상담은 1,600만 건이 넘는다. USAA가 최고의 고객 서비스 점수를 얻는 비결은 바로 훈련이다(미국 시장조사기관 JD 파워와 조그비 여론조사는 USAA를 여지없이 최고의 고객 서비스 기업으로 선정한다. 이 조사는 보험회사나 은행 등에 국한하지 않고 고객 서비스를 하는 기업들을 대상으로 했다). USAA에 입사한 신입 사원들은 흡사 군대 훈련 같은 프로그램이 포함된 광범위한 오리엔테이션을 받는다. 보험 부문에 입사한 직원들은 10주 동안 훈련 받고서 필요한 자격을 취득한다. USAA는 직원들에게 학부 및 대학원 등록금도 지원한다. USAA의 직원 이직률은 4%에서 8% 사이를 오르락 내리락하는데, 보통 25%를 선회하는 업계 평균 이직률과 비교하면 굉장히 낮은 수준이다.

## 7. 다양한 경험을 쌓도록 도와라

장기적 경력 목표를 가지고 있는 X세대 직원들은 다양한 경험을 쌓을수록 업무를 더욱 충실히 수행할 것이다. 다수의 프로젝트 관리, 교차기능팀 cross-functional team 근무, 잡 셰어링 job sharing (직무분할을 통해 일자리를 나누는 협의) 참여, 자원봉사 프로젝트 등의 기회가 X세대의 동기를 자극할 것이다.

치과용 기기 공급회사에서 커뮤니케이션 디렉터로 일하는 록산느 Roxanne의 이야기에서 좋은 교훈을 얻을 수 있다. 얼마 전 그녀는 1주일에 한 번 출장을 가라는 지시를 받았다. 업무는 늘었지만 수당은 지급되지 않았다. 불경기였기 때문에 회사는 인력을 축소하고 일부 직원을 해고할 수밖에 없는 상황이었다. 회사는 록산느의 자리도 당분간 다시 채울 계획이 없었다. 업무가 늘어나서 화가 나지 않았냐고 물었더니 그녀는 이렇게 답했다.

"아니요. 유감스럽지만, 일부 직원들을 내보낼 수밖에 없지만, 구조조정은 이전에 전혀 경험하지 못했던 기회가 돼요. 예전에 낯설게 느낀 업무를 배우게 되니까요. 몇 년이 지나도 영업팀에 그대로 있을 거라 생각하지 않지만, 이 기회를 통해 경험하지 못했던 세계로 들어서게 될 거에요."

흥미롭게도, 직무 다양화 및 직무 교차 훈련을 받은 X세대 직원들의 이직률이 대체로 낮다. 흥미로운 경험을 많이 하면서 지루함을 느낄 틈이 없고 조직에 헌신해야 한다는 동기를 자극 받기 때문이다.

## 8. 도널드 트럼프의 훈련법을 적용하라(무시무시한 공포를 느끼게 하라)

혼자 일하기 좋아하는 X세대 직원들은 상사의 의사결정이나 승인을 따르기보다 스스로 문제를 해결하고 의사결정을 할 수 있다는 믿음을 주고 싶어 한다. 소규모 제조회사의 사장으로 있는 한 친구는 1년 후 퇴직을 앞두고, 한 X세대 직원에게 인수인계를 하고 있다. 그는 인수인계의 효과를 높이기 위해 〈견습생 Apprentice〉에서 도널드 트럼프 Donald Trump가 견습생들에게 임무를 부여하고 치열하게 경쟁을 붙이는 방식을 그대로 활용하고 있다. 그는 금요일마다 이 X세대 '피후견인'을 만나서 다음 주 계획을 얘기한 다음, 곧장 골프장으로 향한다. X세대 직원은 회사에 불이 나거나 누군가가 죽지 않는 한 그에게 연락할 수 없다.

모든 것을 스스로 해결해야 한다. 매주 금요일, 그는 X세대 직원을 만나서 성과를 칭찬하고 실수에 대해 엄하게 책임을 묻는다. 몇 년 전에 참석한 어떤 강연에서 경영의 구루 톰 피터스Tom Peteres가 이런 교육을 두고 리더십 교육에 대한 '무시무시한' 접근법이라 말하는 것을 들었다. 피터스는 이런 말을 남겼다.

"당신이 이끌고 있는 것에 대해 전적으로 책임을 진다는 무시무시한 공포를 느끼고 나서야 리더십이 어떤 것인지 정말로 이해한다."

우리는 X세대가 자신들의 발전을 위해 신나게 이 방법을 수용하는 모습을 많이 지켜봤다. 아무튼, 마지막으로 확인한 바로는 친구는 이 방식의 효과를 톡톡히 봤다. 이제 한 달에 한 번만 사무실에 들르고 마음껏 골프를 즐기고 있다.

## 9. 쓸모없는 규칙을 없애라

어린 시절에 외톨이 신세로 시간을 많이 보낸 X세대는 자신들만의 원칙을 만들 수밖에 없었다. 그래서 그들은 부당하게 보이는 규칙들을 잘 따르려 하지 않는다. 우리가 아는 한 관리자는 X세대 직원들을 회의실에 몰아놓고 두툼한 회사 규정집을 탁자에 놓으면서 그것의 무게와 양을 절반으로 줄이라고 지시했다. 4시간 후 그 규정집은 두께가 60%나 줄었다. 그 관리자는 직원들이 만족했다고 하면서 이렇게 말했다.

"여기서 일한 이래로 가장 기쁜 일입니다."

X세대는 쓸모없다고 생각되는 것들을 가만 놔두지 못한다. 해운회사의 창고 관리자로 일하는 X세대 조지<sup>George</sup>가 우리에게 이렇게 말했다.

"제 일이 좋아요. 목표가 분명하고, 우리만의 쇼를 진행할 수 있으니까요. 화물이 들어오면, 우리는 화물을 분류해서 선적해요. 손을 다치지 않고 실수하지 않는 한 일을 척척 잘 해낼 수 있어요. 훌륭한 직원들이 저와 함께 하고 있어요. 우리는 열심히 일하고 열심히 휴식을 즐깁니다. 직원들의 고생에 보답하기 위해서 네 달에 한 번은 직원들과 함께 금요일 밤을 불태웁니다."

조지는 계속 말을 이었다.

"얼마 전에 회사에서 우리의 선적 절차를 검사한답시고 컨설턴트를 보냈어요. 저는 그 인간에게 우리 업무 절차를 설명하느라 반나절을 허비해야 했어요. 시간 손실이 이만저만이 아니었죠. 직원들도 마찬가지였어요. 회사의 비용 손실은 또 어떻구요. 그 인간 옆에 있으면서 별의별 생각이 다 들었어요. 예산이 빠듯해 회식비도 환급받지 못할 지경인데, 회사는 그 작자에게 거금을 지불하겠죠."

조지에게 이 얘기를 들었을 때 마음이 혼란스러웠다. 직원들이 그렇게 일을 잘 하는 데도 회식비용을 환급받지 못한다는 것은 말도 안 되는 일이었다. 한편 회사의 사정이 여의치 않았다. 우리도 컨설팅을 하지만 컨설턴트를 고용하는 비용은 만만치 않다. 그래도 컨설턴트를 아

예 직원으로 고용하면 회사는 컨설팅 비용을 줄일 수 있지 않을까. 그러
나 조지의 회사 사장은 직원들에게 회식비도 제대로 지원해주지 못하는
상황에서 컨설턴트를 고용해도 되는지 고민한 것으로 보인다. 이는 순
전히 인식의 문제다. 어떤 의사결정을 앞두고 걱정부터 하는 것은 X세
대 직원들에게 어리석게 보일지 모른다고 생각한다. 이유를 분명히 설
명하면 된다. 물론, 의사결정의 결과는 심사숙고해서 평가해야 한다.

　같은 맥락에서, 서류업무에서 불필요한 부분이 있는지 찾아내보자.
우선 '나무 살리기' 운동을 시작해보자. 먼저 X세대 직원들이 작성하
는 서류양식을 살펴본다. 질문사항이나 차트, 데이터 표를 간략하게
작성할 수 있을까? 한 장으로 만들 수 있을까? 또는 표준양식을 사용
할 수 있을까? 이런 문제를 해결해보라고 X세대 직원들에게 요청한
다. 그들은 이런 노력을 고맙게 생각할 것이다.

　한 가지가 더 있다. X세대 직원들에게 일찍 출근하거나 늦게 퇴근하
라고 하거나 또는 휴일에 근무하라고 지시할 때는 그 이유를 분명히
말해야 한다. 그 이유가 합당하지 않다면 논쟁이나 반발을 각오해야
할지 모른다. X세대 직원들은 이렇게 이유가 분명할 때 야근도 불사하
겠지만, 아이들과 함께 하는 시간을 포기하면서 야근을 하려면 강력한
이유가 필요하다.


## 10. 사내정치를 코치하라

사내정치에 대해 X세대는 전통세대가 가진 직관력을 따라가지 못하는
경우가 많다. 앞서 소개한 치과위생사 테어가 이런 성향을 잘 보여준
다. 그녀가 옳았을지 모르지만, 그녀가 전통세대 의사에게 취한 태도가

공격적이어서 그녀의 뜻이 제대로 전달되지 않았다. 가령 나이 든 의사가 방을 나올 때까지 기다렸다가 그에게 다가가 이렇게 말했다고 생각해보자.

"스미스 선생님, 저는 위생사라 선생님께 감히 뭐라고 말씀을 드리기는 어렵습니다. 그런데 선생님의 시술에 대해 의견을 드려도 괜찮을까요?"

의사가 거절해도 그만이다. 그가 괜찮다고 말한다면, 그녀는 적어도 의견을 내놓아도 된다는 허락을 받은 것이다. 어떻게 하든 그가 환자 앞에서 당황할 일은 없었을 것이다. 사내정치에 능통한 베이비부머들은 이런 일을 식은 죽 먹기로 생각할 수 있지만, 대다수 X세대는 이런 통찰이 부족하다. X세대는 있는 그대로 솔직하게, 때로는 어떤 위험을 감수하면서도 의견을 내놓아야 한다고 생각한다. 론 잼키Ron Zemke, 클레어 레인스Claire Raines, 밥 필립책Bob Filipczak은 공동저서 《Generations at Work직장에 모인 세대들》에서 X세대 직원들의 20%만이 정글 같은 기업적 관료제 아래에서 사내정치를 능통하게 한다고 지적했다.

## 11. 도전하게 하라

X세대는 MTV나 〈세서미 스트리트〉 같은 형식처럼 빠르게 진행되는 활동을 즐긴다. 이는 X세대가 에너지를 분출하고 사고를 빨리해야 하는 활동을 좋아하는 경향이 있음을 보여준다. 딜리버 더 프라미스Deliver The Promise의 사장 겸 CEO 레슬리 맥커원J. Leslie McKeown은 《핵심 인재와 일하는 기술Retaining Top Employees》이라는 책에서 X세대가 목표와 마감시간이 분

명하기만 하면 모호한 업무도 잘 수행한다고 설명했다. 맥커윈에 따르면, X세대는 일의 목적이 분명하고 노력한 보람이 있다고 느낄 때 일을 열심히 한다고 한다. 가전제품회사의 영업 마케팅 부문의 선임 부사장으로 있는 알렉스$^{Alex}$가 이에 대한 좋은 본보기가 된다. X세대인 알렉스 밑에는 많은 영업사원들이 있다. 그들의 주요 업무는 출장이라고 해도 과언이 아니다. 그래서 알렉스는 영업사원들과 주로 이메일과 PDA를 통해 연락을 유지한다. 영업사원들은 모두 스스로 일정을 관리한다. 영업사원들에게 지급되는 급여도 괜찮고 보너스도 쏠쏠하다. 영업사원들은 업무만 잘 처리하면 업무시간이나 휴식시간, 출장 일정 등을 마음대로 조정할 수 있다. 알렉스는 특수한 상황이 발생하거나 비상사태가 벌어졌을 때 직원들이 신중하게 대처하고, 문의하는 고객에게 깍듯이 응대하고 문제를 해결해주기를 바란다. 간혹 업무에 개인의 시간을 쓰는 것은 스스로 일정을 조정하는 데 대해 일종의 대가를 지불하는 것이라고 알렉스는 생각한다. 이런 방법은 불황기에 어느 정도 효과가 있다. 경쟁기업들보다 앞서가야 하기 때문이다.

## 12. 3가지 직원 유형을 참고하라

리더십 강연을 하면서 나는 종종 청중에게 직원들을 세 유형으로 나눠보라고 얘기한다.

- **독수리형** 높이 솟구치는 직원들이다. 이들은 매사에 전력을 다하는 데 일찍 출근하고, 열심히 일하고, 자신들의 일에 책임을 지고, 꾸준히 노력을 다하고, 항상 웃는 낯으로 일한다.

- **참새형** 이들은 쳇바퀴 돌 듯 출근해서 업무를 하고 퇴근한다.

- **칠면조형** 이들은 지각을 자주하고 업무에 충실하지 않고 퇴근시간만 기다리며 매사에 불만이 많다.

지나친 일반화로 보일지 모르지만, 핵심을 파악하는 데 도움이 된다. 강연 중 청중에게 어떤 유형의 직원들에게 시간을 많이 쏟는지 물으면 변함없이 '칠면조' 직원들이라는 답이 나온다. 흥미로운 점은, '칠면조' 직원들이 흔히 관리자의 시간투자에 대한 반응이 가장 낮다는 사실이다. 이들은 아무리 옆에서 지도하고 조언하고 동기를 북돋아도, 기껏해야 '참새' 흉내내는 데 그친다. 이들이 '독수리'가 될 확률은 지극히 낮다. 한편 직원들과 소통하는 시간의 70%를 '독수리' 직원들이 더 높이 날도록 이끄는 데, 25%를 '참새' 직원들이 '독수리' 직원들이 되도록 돕는 데, 5%를 '칠면조' 직원들이 조직생활을 충실하도록 돕는 데 투자한다면 '투자이익'은 엄청날 것이다.

이 개념은 특히 X세대 직원들에게 적용하기에 좋다. 앞서 X세대가 독립심이 강하고 혼자서 일하기를 좋아하는 경향이 있음을 확인했지만, 그렇다고 해서 그들이 승진 가능성을 높이기 위한 노력을 게을리 하지는 않는다. 우선, 이 세 유형의 직원들과 함께 하는 시간을 따져본 후에 '독수리'와 '참새' 형 직원들과 소통하는 시간을 늘리고, '칠면조' 직원들과 소통하는 시간을 줄이라고 권하고 싶다. 그렇게 하면 '독수리'와 '참새' 직원들은 더 높이 날아오르고, 자신들에게 시간을 쏟은 데 대해 관리자에게 존경을 표시할 것이다.

## 13. 칭찬하고 인정하라

독립심이 강한 '열쇠 아동'의 성향을 고려한다면, X세대는 주어진 상황에 적응하고 맡은 일을 완수하려고 애쓰고 이런 자질을 높이 산다. 계획을 실천하는 직원들을 각별히 인정하고 칭찬하라. 보상은 별다른 게 아니다. 업무를 계획대로 진행하는 데 대해 인정하고 칭찬하는 것으로도 충분하다. 직원 개인을 칭찬할 뿐 아니라 준비를 위한 준비가 아닌 행동을 실천하라는 메시지를 다른 직원들에게도 분명히 전달해야 한다.

## 14. 지나친 간섭을 피하라

자신이 별로 관심을 받지 못한다는 생각에 기분이 좋을 사람이 없겠지만, 열쇠 아동 생활을 겪은 X세대는 유독 그런 느낌에 민감할지 모른다. 우리가 상담했던 수잔Susan은 부동산 회사에서 중개인으로 일하고 있다. X세대인 수잔은 각양각색의 사람들과 함께 하면서 하루가 멀다 하고 흥미로운 일을 겪고, 동료들 덕분에 방심하지 않고 열심히 일하고 있지만, 베이비부머 사장이 사사건건 참견해서 골치가 아프다고 털어놨다. 예컨대 수잔은 이렇게 말했다.

"제가 잠시 쉬기로 했다고 치죠. 막 신입사원들을 위한 보너스 제도에 대해 논의를 마쳤고, 그 다음 고객과 만나기 전에 몇 분이 남았어요. 그러면 저는 휴게실에 앉아 아무 말 없이 휴식을 취하죠. 그렇게 3분만 쉬어도 기력이 회복되어서 기분이 참 상쾌해요. 그런데 그러고 있으면 베이비부머 사장인 티나Tina가 휴게실로 들어와서 애써 제 눈앞에서 서성거리며

'뭐하고 있는 거죠? 2시에 고객이 온다는 거 잊었어요?' 라며 절 다그쳐요. 그러면 저는 분통이 터져서 그녀를 죽이고 싶을 지경이 되어요. 나중에 찬찬히 생각해보니, 티나가 제게 도움을 주려했던 게 분명했어요. 하지만 너무 세세한 부분까지 간섭을 했어요."

## 15. 개인의 취향을 허용하라

업계 또는 조직에서 허용하는 수준에서 X세대 직원들에게 자율권을 제공하라. X세대 직원들은 나름의 방식을 지키고 싶어 한다. 그런 방식을 되도록 허용해주면, 개인의 방식으로 인한 충돌이 줄어든다. 복장을 자유롭게 하고, 업무 중에 음악을 들을 수 있게 하고, 회사에 애완동물을 데려오게 하는 것도 모두 이런 측면에서 생각해볼 문제다. 11번에서 소개한 알렉스는 회사에 자유로운 조직 풍토를 조성했다. 그가 입사하기 10년 전만 해도 직원들이 하나 같이 구두를 신고 근무복을 입고 있었다. 알렉스는 근무복에서 나오는 분위기를 자유로운 분위기로 전환했다. 지금 사무실에서 영업사원들을 보면 저마나 청바지와 셔츠에 슬리퍼를 신고 다닌다(고객을 응대할 때는 당연히 그에 맞는 복장을 한다). 알렉스의 회사는 이처럼 자유로운 분위기로 평판이 자자한데, 심지어 회사를 방문하는 고객들에게 회사 로고가 박힌 슬리퍼를 선물한다.

"편한 복장을 한다고 해서 일을 설렁설렁하게 하지 않습니다."

알렉스가 말했다.

"우리는 가끔 사람들에게 의외의 모습을 보여주기도 해요. 양복을 입고 나타나는 것이죠. 고객들은 우리가 넥타이를 맨 것을 보고 깜짝 놀랍니다. 우리는 열심히 일합니다. 그러면서도 즐거운 시간을 보내죠. 업무를 충실히 수행하는 한 업무 방식은 자유입니다."

## 16. 함께 즐겨라

X세대 직원들은 일에 재미를 느낄수록 다른 문제들에 대해 기꺼이 타협하는 태도를 한다. X세대 직원들에게 재미란 일과 삶의 균형을 이루는 핵심 추이다. 업무가 편해야 한다는 게 아니라 편안한 마음으로 업무를 수행할 수 있다는 의미다. 우리가 상담한 많은 X세대 회사원들이 이런 말을 했다. "일이 더 이상 재미가 없으면, 회사를 떠날 때가 된 것입니다."

온라인 신발 쇼핑몰 〈Zappos.com〉은 업무 환경에 재미를 불어 넣으려고 각별히 애쓰고 있다. 그런 취지로 무거운 직함을 사용하지 않고, 대신에 '선임 파티 메이커 Lead Party Maker'같은 직함을 사용한다. 이 회사의 사무실은 원숭이들이 매달려 있는 열대우림부터, 엘비스의 팬들이나 폼폼을 단 치어리더들이 모여 있는 곳, '52 구역'이라고 부르는 음산한 공간 등 테마별로 공간이 구분되어 있다. 방문객이 있으면 직원이 이 독특한 공간들을 처음부터 끝까지 구경시켜 준다. 직원들은 수면실에서 휴식을 취하기도 하고, 별안간 일어나서 흡사 콩가 춤을 추는 행렬처럼 진열 공간 곳곳을 스치고 지나가기도 한다. 〈Zappos.com〉은 직원들이 있는 그대로의 모습을 드러내고 개성을 빛내면서 직장생활에 만족한다고 확신한다.

운동경기 입장권을 지급한다거나, 각자 가져온 음식으로 파티를 연다거나, 하이킹이나 사이클링 경기 같은 행사를 지원한다거나, 리무진을 빌려준다거나, 회식을 벌이는 건 좋지만, 그에 앞서 X세대 직원들의 선호를 파악하는 게 중요하다. X세대 직원들의 성향을 파악하지 못한 채 재미를 강요해서는 안 된다.


## ▪▪ 삶의 균형을 추구하는 X세대 관리자들

전통세대와 베이비부머 세대를 관리하는 관리자들이 갈수록 늘어나고 있다. X세대는 이미 직장 생활 10년 차가 넘었다. 2019년경 베이비부머들이 퇴직하고 나면 X세대의 세상이 될 것이다. 지금까지 X세대 관리자들은 잘해왔다. 그들은 자신들이 원했던 방식으로 직원들을 관리하고 있으며, X세대 관리자와 함께 일하고 싶어 하는 직원들도 많다. 한 인력업체가 실시한 여론조사에 따르면, 직장인들의 67%가 베이비부머 상사보다 X세대 상사와 일하는 것이 더 좋다고 밝혔다고 한다. X세대 상사들이 이토록 인기를 끄는 것은 그들이 대부분 '삶의 균형'에 관해 이야기하는 것들을 실천한다는 점에서 이유를 찾을 수 있다. 프로그램 관리자로 일하는 체르Chere도 X세대인데, 그는 우리에게 이런 말을 했다.

"휴가는 휴가다워야 합니다. 휴가를 가서도 일을 하는 건 말이 안 되죠. 휴가는 일에서 벗어나기 위한 것이에요. 진급하고 나서 저는 휴가 중인 직원에게 연락하지 않는 규정을 만들었어요. 직원들이 지쳐서 돌아오는 게 아니라 에너지를 재충전해서 돌아오기를 바라기 때문입니다."

X세대라면 체르의 말에 공감할 것이다. 탄력 있는 근무환경을 조성하기 위해 애쓰는 X세대 관리자도 많다. 이런 X세대 관리자들은 일과 삶의 균형을 원하고, 직원들 또한 그것을 원한다는 사실을 절실히 느낀다.


## ▪▪ 결론

X세대는 선임자들인 전통세대와 베이비부머 세대와 일하는 방식이 약간 다르다. X세대는 회사에 충성을 위한 충성을 하지 않지만, 회사에 만족할 때 누구보다도 회사에 헌신한다. X세대는 또한 회사에 잘 보이기 위해 야근이나 휴일 근무를 하지 않겠지만, 그럴 필요와 보람을 느끼는 한 야근이나 휴일 근무쯤은 아무렇지 않게 생각할 것이다. 또한 X세대는 팀의 구성원으로서 일하기보다 혼자서 일하기를 좋아하지만, 목표를 달성하기 위해 제 역할을 해야 하는 상황에서 훌륭한 '팀 플레이어'로 변신한다. X세대는 더 나은 일을 찾아 떠나고 싶은 마음을 시시콜콜 떠들어대지 않겠지만, 자신들의 능력을 기준으로 더 나은 직장을 구할 것이다. 뿐만 아니라 X세대는 반복적인 일에 금세 싫증을 느끼지만, 도전의식을 자극받고 탄력 있는 근무제도를 활용하고 업무를 활발히 진행하며 성과를 인정받는 한 업무에 관심을 유지할 것이다. X

세대 직원들의 마음을 얻고 그들을 놓치지 않는 것이 회사가 발전하는 길이다. X세대 직원들의 욕구를 파악하고 그들의 일하는 방식을 수용하며 융통성 있는 근무환경을 조성한다면 어느 조직이나 바라는, 자질을 두루 갖춘 X세대가 몰려들 것이다. 독립심, 일과 삶의 균형, 다양성, 도전, 실력 위주의 진급을 중시하는 사람들이 말이다.

# 3

# 합리적 소비와
# 유행을 선도한다!

Y세대                                         1981~1992년

**Y세대가 기억하는 주요 사건들**

1983년 최초의 랩탑 출시 ★ 1989년 엑손발데즈 원유유출 사건 ★ 1990년 걸프전 발발
1991년 로드니 킹 구타 사건 ★ 1993년 웨이코 대참사 ★ 1994년 토냐 하딩 낸시 케리건 스캔들
1998년 클린턴 대통령 탄핵 ★ 1999년 콜럼바인 고등학교 총기난사 사건 ★ 2001년 9·11 테러
2003년 콜럼비아 우주선 폭발 ★ 2003년 이라크 침공

**Y세대의 성향**

피드백을 원한다 ★ 감추지 말고 설명하라 ★ 야무진 컴퓨터 활용 능력

끊임없는 소통을 원한다 ★ 안정을 원한다 ★ 함께 무리지어 움직이다

삶의 융통성을 원한다 ★ 친사회적 기업을 선호한다 ★ 자원봉사를 즐긴다

## ▪▪ 헬리콥터 부모를 둔 Y세대

Y세대는 1981년에서 1992년 사이에 태어난 사람들로서 세계적으로 많은 인구 수를 자랑한다. 미국의 경우 전체 인구 가운데 26%를 차지한다. 베이비붐 세대가 보여주었던 출생률의 급상승을 되풀이했다고 하여 Y세대를 에코 붐 세대<sup></sup>Echo Boom Generation(베이비붐 세대의 자녀)라고 부르기도 한다.

1986년이었다. 우리가 평소 잘 알고 지내던 울프 부부(샵과 다이안Shap and Dyan Wolf)가 아이를 가졌다. 이들은 과거의 히피 생활을 뒤로 하고 전문 사회인으로 살아가고 있었다. 샵은 대학에서 사회과학 연구원으로, 다이안은 공무원으로 일하고 있었다. 부부는 여피의 생활방식(가령, 자택을 소유하고 자가용을 몰고 좋은 식당에서 자주 외식을 했다)에 확실히 안착했지만, 여전히 자신들이 자유분방한 사고를 가졌다고 자부했다. 결혼 13년 차를 보낼 무렵, 부부는 아이를 가질 때가 되었다고 판단했다. 케시를 임신했을 때 부부는 아이를 올바르게 키우기로 다짐했고 그 다짐을 실천했다. 다이안은 케시에게 모유수유를 한 것은 물론 유기농 유아식만 먹였다. 부부는 노상 케시를 품에서 떨어뜨리지 않고 상냥하게 얘기해주고 책을 읽어주었는가 하면 장난감도 교육에 도움이 되는 것만 사다주었다. 또한 침실을 롬퍼 룸(어린이 TV 시리즈 〈낸시의 롬퍼 룸〉)처럼 꾸며놓았다. 부부는 케시를 놀이학교에 자주 데려갔고, 샵이 다니는 대학의 취학 전 아동 프로그램에도 등록했다. 뿐만 아니라 부부는 부모들이 함께 모이는 자리도 마련해서 아이들과 함께 놀아주었다. 부부의 자가용에는 나이아가라 폭포 아래로 떨어져도 끄떡없을 만한 자동차 시트도 모자라 아이들을 위해 설치하는 안전장치가 모두 마련되어 있었다.

울프 부부는 1980년대와 1990년대 베이비부머 부모의 전형이었다. X세대 자녀를 둔 같은 세대 사람들보다 나이가 많은 편인 이 부부는 젊은 시절 자유분방한 생활을 누리면서 직장경력을 쌓고 살림도 일으켰다. 그렇게 성장한 부부는 희망을 품고 희망을 실현하기 하기 위해 돈도 벌었다. 마찬가지로, 재혼을 해서 새 가정을 꾸린 베이비부머 부부들도 대부분 이런 측면에서 과거의 실수를 만회해서 좋은 부모로 거듭나고 싶은 바람을 품었다. 이런 베이비부머들은 아이들의 양육에 모든 것을 다 바쳤다. 어떤 상황에서든 그랬다. 이런 흐름에 따라 '열쇠 아동'이라는 말이 사라지고 '살림하는 아빠SAHD, Stay-at-home Dad', '헬리콥터 부모'라는 신조어가 생겨났다. '헬리콥터 부모'란 헬리콥터처럼 아이들 주위를 맴돈다는 의미에서 유래했다.

이런 부모들은 아이들의 친구들을 불러서 아이들과 함께 시간을 보내는 날을 정하고, 아이들의 방과 후 활동을 계획하고, 아이들의 숙제를 돕는가 하면(때로는 숙제를 직접 해주기도 했다), 아이들에게 전혀 부족함 없도록 신경 썼다. X세대의 부모들은 대개 직장생활을 하는 동안 아이들이 모든 것을 혼자 힘으로 하도록 내버려 두었다. 반면 Y세대의 부모들(베이비부머와 X세대)은, 아이들의 피아노 독주회에 참석하든가 축구경기를 보러가든가 선생님들을 대신해서 일을 처리하든가 심지어 자녀의 대학입학 면접과 입사 면접에 따라가든가, 어떻게 해서든 자녀 곁에서 떨어지지 않으려 한다. 이렇게 아이들의 일에 사사건건 간섭하는 이유는 왜일까? 아이들이 모든 면에서 남들보다 뛰어나기를 바라는 마음 때문이다. 그래서 Y세대의 부모들은 지역에서 가장 알아주는 보육원, 유치원, 고등학교, 대학진학 예비학교를 눈에 불을 켜고 찾아다닌다. 이런 이유로 뉴욕, 로스앤젤레스, 시카고와 같은 대도시에서는 경쟁이 엄청나게 치열하다.

이런 관심은 도를 넘기도 한다. 많은 헬리콥터 부부가 아이들의 교습 일정을 놓치지 않기 위해 PDA를 가지고 다니면서 서로의 일정을 조정한다. 보통 이런 '치맛바람'은 베이비부머 부모들이 그들의 X세대 자녀들이 스스로 하도록 내버려 둔 것보다는 나을지 모른다. 그러나 지나친 관심은 부작용을 일으킬 수 있다. 또한 헬리콥터 부모들은 아이가 어떤 행동을 하든 감싸주기 바쁘다. 가령 아이가 숙제를 하지 않으면 숙제를 대신 해주고, 아이가 친구 집에 데려다 달라고 하면 모든 일정을 미루어둔 채 아이를 데려다 준다. 마치 아이의 행복과 성공을 전적으로 책임지고 싶어 하는 것 같다. 시험성적이 나쁜 아이들의 부모들이 학교에 항의하는 경우가 많다는 얘기를 학교 선생님들로부터 듣기도 한다. 헬리콥터 부모들은 대부분 아이들의 삶에 너무 간섭한다. 그래서 그들은 아이들이 성인이 되기도 전에 차를 사주고, 일할 필요를 느끼지 않도록 풍부한 용돈을 척척 주는가 하면, 대학입학 원서도 대신 써준다. 그래놓고 아이들이 왜 스스로를 책임지지 못하는지 궁금해한다.

이런 부모들은 아이들이 고등학교나 대학을 졸업할 때까지도 아이들 주위를 맴돌 것이다. 기업의 인사담당자들이 저마다 하는 얘기를 들어보면, Y세대 입사지원자들이 부모님의 허락을 맡고 나서야 입사제안을 받아들이는 경우가 많다고 한다. Y세대 입사지원자들이 부모님과 함께 입사 면접을 보게 해달라고 요청하는 일도 있다는 것이다. 한 경영자의 얘기로는 젊은 신입사원의 아버지가 전화를 걸어 딸의 실적 평가가 부당하다고 따진 적도 있다고 한다. 조지에나 주 마리에타 시에 거주하는 저명한 심리학자 낸시 와이즈먼 Nancy Weisman 박사는 이렇게 말했다. "아이들은 아무도 자신들을 구해주지 않는 다는 사실을 깨달아야 한다." 물론, Y세대 자녀를 둔 부모라고 해서 모두 헬리콥터 부모처럼 극성을 떨지는 않는다. 아이들의 버릇을 망칠 만한 재력을 갖추지 못한 부모들도 많다.

**Y세대의 관점 1**

학교가 끝나 집으로 돌아가면 부모님이 집에 계신 친구들도 많았지만, 내 경우는 달랐다. 부모님이 맞벌이였기 때문에 방과 후에는 학교에서 제공하는 프로그램에 참여했다. 어머니가 일을 마친 후 나를 데리러 오시는 저녁 6시까지 프로그램을 담당한 선생님들이 매일 나를 돌봐주셨다. 어머니는 다른 부모님들보다 늦게 나를 데리러 오셨지만, 나는 그 때문에 소외감을 느끼지는 않았다. 우리 부모님이 나를 응석받이로 키우셨다고 생각하지 않는다. 부모님은 내 숙제를 도와주셨지만, 결코 나를 버릇없게 기르지 않으셨다. 부모님은 나에 대한 기대가 컸고, 내가 잘못을 저지르면 늘 엄하게 대하셨다. 물론, 내가 부모님 말씀을 어긴 적이 거의 없었기 때문에 부모님께 혼날 일이 별로 없었다. 내 친구들은 14살인 내가 41살처럼 군다며 야유를 보내곤 했다. 내가 나이에 비해 성숙하긴 했다. 몸은 아니지만 생각에서는 그랬다. 아마 내가 외동딸인데다가 교육에 관심이 많은 부모님 밑에서 자라서 그런 것 같다. 그러다가 명문 예비 학교 prep school에 자녀들을 입학시키려고 발버둥치는 시카고 사람들에 대한 기사를 접했다. 부모님은 나를 대학부설 유치원에 넣어주신 것은 물론 초등학교를 졸업하기 3년 전에 마그넷 고등학교의 입학 예비자 명단에도 나를 넣어주셨다. 그 덕에 나는 흔치 않은 고등학교 생활을 했다. 소수 정예로 구성된 학급에서 각 과목에 전문화된 선생님들에게 배우며 실습도 수 없이 많이 했다. 43명에 불과한 졸업생들 틈에 나도 끼어 있었다.

래리 선생님이 아이들이 과중한 일정에 시달린다는 말씀을 했지만, 나 역시 분명히 과중한 학습을 했다. 하지만 모두 내 의지에 따른 것이었다. 나는 춤에 미쳤고(그래서 예술학교에 가고 싶었다), 그래서 고등학교 시절 내내 방과 후에 연습을 하고 무대를 꾸미고 공연을 홍보하고 실제로 공연도 하면서 보냈다. 현재는 스타벅스에서 일을 하고 지역의 무용단에서 자원봉사를 하면서 대학 졸업을 준비하고 있다. 하루 24시간이 모자랄 지경이다. 친구들은 하나같이 내가 여유 없이 각박하게 산다고 하지만, 내 천성이 그렇다. 23살이 되었지만, 나는 여전히 부모님과 마음이 잘 통한다. 매일 어머니와 대화를 나누고 1주일에 한 번 이상은 부모님과 함께 시간을 보낸다. 나와 나이가 같은 내 남자친구 또한 나처럼 부모님과 관계가 아주 좋았다. 일과 취미에 미쳐서 살 때도 부모님과 보내는 시간을 놓치지 않았으니 말이다.

케시 울프, 울프 부부의 딸

## Y세대의 관점 2

학교 수업 외에 다른 활동에 참여해야 한다는 압박은 또한 주위 친구들에게서 비롯된다. 한 친구가 다양한 활동을 하고 주위 친구들이나 어른들에게 칭찬을 받으면, 그것을 지켜보는 모든 친구들이 그 수준만큼 인정받아야 한다고 생각한다. 인기를 얻으려고, 장학금을 타려고, 인정을 받으려고 경쟁하는 것이다. 성적만으로는 부족하다. 비교적 명문학교에 지원하는 친구들의 학점을 보면 거의 4.0에 이른다. 그 다음은 방과 후 활동, 자원봉사활동, 그리고 학교를 다니기 위해 장학금을 타낸 것은 말할 것도 없고 여러 학교에 합격한 개인 경험담이 중요하다. 아이들을 과잉보호하는 부모들을 많이 봤지만, 내 친구의 부모님은 그 부분에서 타의 추종을 불허한다. 내 친구는 18살까지 혼자 학교에 가본 적이 없다. 늘 부모님이 친구를 픽업해주었다. 그리고 식당에서 스스로 음식을 시켜보지도 못했다고 한다. 모든 메뉴를 부모님이 결정한 것이다. 그래서 부모님이 멀리 외출을 나간 사이 음식 시킬 일이 생기면, 친구는 주변에 사는 다른 친구를 집으로 불러다 음식을 대신 시켜달라고 부탁했다. 우리 부모님은 절대로 그런 부모님이 아니었다.

한나 쿠엔Hanna Kuenn

## 피드백을 원한다

이 모든 양육방식에는 밝은 면과 어두운 면이 존재한다. 밝은 면이라면, 아이들이 이전 세대들보다 더 나은 조건과 기반에서 더 나은 교육을 받는다는 점이다. 자신들의 가치를 꾸준히 인정받는 어린 시절을 보내면서 자신감도 충만하다. 아이들은 대부분 자신감에 가득 찬다. 어두운 면이라면, 조직에서 Y세대 직원들이 관리자의 관심을 독차지하고 싶어 한다는 점이다. 그래서 업무성과가 좋을 때 박수갈채와 칭찬을 받고 싶어 한다. 학창시절 야구경기에서 안타를 치거나, 공연장에서 춤을 멋지게 추어 부모님께 칭찬받았을 때처럼 말이다. 또한 무엇인가 잘못했을 때 친절하게 잘못된 점을 지적받고 싶어 한다. 물론 이번에도 그들의 부모님이 그들에게 했던 것처럼 말이다. Y세대는 또한 회사에서 그들의 가치가 어느 정도인지, 얼마나 기여하는지, 승진하기 위해 어떻게 해야 하는지 궁금해한다. 그 뿐만이 아니다. Y세대는 새로운 것을 배우고, 목표를 달성하고, 돈도 많이 벌고 싶어 한다. 젊은 신입사원이라면 사다리의 맨 밑에서 위로 올라가야 한다. Y세대 직원들은 대개 약간의 자유를 누리면서 다양한 상황에서 자신들의 능력을 발휘하는 법을 배우고 개선하고 싶어 한다. 신입사원으로서 조직의 돌아가는 모든 상황을 알기 원한다. 그러다가 특별히 지시받지 않은 일을 하지 않은 탓에 곤경에 처할 때면 직장이 지긋지긋해진다.

**Y세대의 관점 3**

나는 화장품 매장에서 점원으로 일한다. 나와 같은 Y세대 친구들과 달리 나는 꽤 일을 잘하는 편이다. 내 사전에 결근이란 없다. 열심히 일해서인지 판매실적이 높고 나를 찾는 고객도 많다. 나는 이런 내용의 보고서를 점장에서 전달해왔다. 고객들이 나를 찾는 이유는 내가 우리 상품들에 정통하기 때문이라고 생각한다. 그래서 신상품을 고르는 고객에게 나는 늘 자세히 설명해준다. 나는 또한 고객들이 찾는 것을 기록해두었다가 관심을 끌 만한 신상품이 나오면 고객들에게 직접 연락을 한다.

다른 한편, 점장은 내가 걸레통을 비우러 나가거나 또는 내가 영업에 기여한 바에 비교할 수 없는 사소한 실수를 저지르는 것만 알아채는 것 같다. 왜 내가 잘 하는 모습에 관심을 가지지 못하고 사소한 실수만 가지고 트집을 잡을까?

한 가지 더 있다. 틈만 난면 규정을 바꿔서 정말로 미칠 지경이다. 휴대전화를 쓰는 문제가 그렇다. 보통 매장 안쪽에서 전화 통화를 하면 문제가 되지 않는데, 갑자기 눈에 띄지 않는 곳에서 나타나서는 내가 휴대전화기를 만지기라도 하면 지적을 하기도 하고, 시말서를 쓰라고 할 때도 있다. 그러다가 어느 날은 매장 안쪽에서 아무리 휴대전화를 써도 누구도 뭐라고 하지 않는다. 도대체 기준이 뭔지….

자스민 트루액스

**˙˙Y세대의 성향 2**　　　　　　　감추지 말고 설명하라

### 콜럼바인 고등학교 총기난사 사건

1999년 4월 20일, 리틀톤 인근 콜럼바인 고등학교, 에릭 해리스[Eric Harris]와 딜런 클리볼드[Dylan Klebold]가 무차별 총기를 난사했다. 이 사건으로 교사 1명과 학생 12명이 사망하고 24명이 부상을 입었다. 에릭과 딜런은 체포되기 전에 가지고 있던 총으로 자살했다. 사건은 많은 사람들을 충격에 빠트렸다. 가해자와

희생자들이 모두 Y세대였기에 이 사건은 Y세대에게 특별한 영향을 미쳤다. 대다수가 범행을 저지른 두 소년과 직접적으로 관련이 없었지만, 모두 이 사건의 심각성을 피부로 느꼈다. 가령 언론들은 하나같이 두 소년을 불만을 품은 외톨이로 묘사했다. 불만을 품지 않고 외로움을 느끼지 않는 청소년이 있을까? 그런데 사건이 터진 직후 터져 나오는 기사는 두 소년이 따돌림을 당하고 복수를 계획했다는 내용이 대부분이었다 (증거들은 이 내용이 사실이 아니라는 것을 보여준다). 하지만 청소년기를 지내면서 누구나 자신을 따돌리는 친구들에게 복수하고 싶은 마음을 한 번쯤은 품지 않을까? Y세대에게 이 사건은 남의 일이 아니었다. 한편 이 사건은 불안감을 확산했다. 베이비부머 세대에게 지대한 영향을 미친 존 케네디와 바비 케네디(존 케네디의 동생), 마틴 루터 킹의 암살 사건을 보면, 희생자들이 모두 유명인이다. 그래서 베이비부머들은 유명인이 아닌 이상 이런 일은 자신들에게 일어나지 않는다며 마음을 놓을지 모른다. 그러나 콜럼바인 총기난사 사건을 본 Y세대는 친구나 급우가 그런 잔혹한 범죄의 희생자나 가해자가 될 수 있다고 생각하게 되었다. 언제 어디서 자신들에게 그런 일이 일어날지 몰랐다.

콜럼바인 총기난사 사건은 1995년 오클라호마 폭탄 테러, 1996년 아틀란타 올림픽 폭탄테러, 2001년 9·11 테러, 2005년 허리케인 카트리나 참사, 2007년 버지니아 공대 총기난사 사건 등 Y세대가 성장기를 보내면서 목격한 무수한 참사들을 대표하는 사건으로 Y세대의 기억에 남게 되었다. Y세대는 세상이 무시무시한 곳임을 알게 되었다. 그렇기는 하나 Y세대는 맹목적이고 과잉보호하는 부모의 울타리 안에서 무난하게 자랐다.

## 감추지 말고 설명하라

Y세대는 갈등의 시대를 겪으며 성장했다. 늘 그들을 지켜주던 안전망이 소용이 없는 위험한 세상을 그들은 살아가고 있다. 그래서 Y세대는 비관주의를 경멸하는, 위험을 회피하는 성향을 가지게 되었는지 모른다. 콜럼바인 총기난사 사건, 버지니아 공대 총기난사 사건, 9·11 테러 같은 참혹한 사건에 직면해서도 Y세대는 미래에 대한 희망을 잃지 않는 모습을 많이 보인다. Y세대의 희망을 앗아간 사건을 굳이 꼽는다면 9·11 테러일 것이다. 그럼에도 9·11 테러 발발 1년 후 여론조사기관 해리스가 실시한 조사에 따르면, Y세대가 미래에 대한 꿈과 희망을 안고 살아가고 싶어 한다는 결과가 나왔다. 우리에게 이런 낙관주의는 순진무구하게 보이면서도 신선하게 다가온다.

이런 측면에서 조직에서 Y세대와 함께 일하는 관리자와 동료들은 Y세대가 그들에게 신의를 다하면서 공명정대한 대우를 받기를 바란다고 생각할 수 있다. Y세대는 근무시간, 보수, 업무환경, 유의사항 등 업무와 관련된 것들을 관리자가 있는 그대로 말해주기를 바란다. 공정하고 솔직하게 알려주고 대우해주기를 바라는 것이다. Y세대가 대부분 직장경력이 짧다는 사실을 유념해야 한다. 따라서 Y세대 직원에게는 설명해주어야 할 것들이 많이 생길지 모른다. 가령 비정규직으로 입사한 Y세대가 정규직으로 전환되기까지 일정한 기간을 근무해야 한다면, 그 사실을 직접 전달해야 한다. 일자리를 제안하기 전에 근무환경을 보여주어야 한다. 비좁은 공간에서 근무해야 한다면 말로만 설명하지 말고 직접 보여주어야 한다. Y세대는 사회경험이 부족한 사람들이다. 관리자로서 전달하는 내용을 그들이 잘 이해하도록 도와야 한다. 그래서 베이비부머나 X세대 직원에게 했던 것보다 더 많은 것들을 설명해주어야 할지 모른다.

면접을 진행할 때는 Y세대가 입사 면접에 서툴지 모른다는 점을 유념해야 한다. 면접에서 무엇을 물어봐야 하는지 모르는 경우가 많기 때문에, 그들이 입사 전에 확인해야 할 사항들을 자세히 설명해줌으로써 현명한 결정을 내리도록 이끌어야 할 것이다. 예컨대, 다음과 같이 생각해볼 필요가 있다.

- 출근시간이 얼마나 걸리는지 생각했을까?
- 업무 일정이 바뀔 수 있다는 것을 알까?
- 복장 규정에 대해서 어떻게 생각할까?
- 퇴근 후 여러 사교활동에 참석할 수 있을까? 그래도 괜찮을까?
- 동료들과 어울리려고 얼마나 노력할까?
- 업무 중에 웹서핑, 문자메시지, 소셜 네트워크 활동(트위터나 페이스북)을 어느 정도 허용할까?
- 문신을 얼마나 허용할까?

이런 물음들을 바탕으로 기본사항을 설명하면, Y세대 직원이 일자리가 생각했던 것과 다르다는 이유로 조기 퇴사할 소지가 줄어들 것이다. 조직 생활에 익숙한 것처럼 보인다고 해서 이런 사항들을 설명해주지 않는다면 뭔가를 감추는 인상을 줄 수 있다. 거꾸로 이런 사항들을 적극적으로 설명해준다면, 조직생활을 잘 하도록 관리자가 진정으로 돕는다고 느끼고, 직장이 잠깐 거쳐 가는 곳이라는 생각을 버릴 것이다.

## ▪▪Y세대의 성향 3　　　야무진 컴퓨터 활용 능력

### 컴퓨터 전문가들

20년 전, 베이비부머들은 퇴근해서 집에 들어서자마자 배우자에게 이런 식의 얘기를 자주 했다.

"오늘 컴퓨터를 배웠어! 컴퓨터가 사람들을 대신할 거란 얘기가 나돌아. 언젠가 그 날이 올 거라 확신해."

베이비부머들은 대부분 직장에서, X세대는 학교에서 컴퓨터를 배웠다. Y세대는 대부분 집에서 컴퓨터를 자연스럽게 접하고 익혔다. 컴퓨터를 사용하는 것은 그들에게 삶의 일부였고, 제2의 천성이었다.

레이놀 준코[Reynol Junco]와 지안나 마스트로디카사[Jeanna Mastrodicasa]의 저서 《Connecting to the Net.Generations넷 세대와의 연결》에는 이런 내용이 나온다.

▷ Y세대의 97%가 컴퓨터를 가지고 있다.

154 | 155

▷ 94%가 휴대전화기를 가지고 있다.

▷ 76%가 문자메시지를 사용한다.

▷ 69%가 페이스북 계정을 가지고 있다.

▷ 44%가 블로그에서 정보를 얻는다.

▷ 34%는 웹사이트를 통해 뉴스를 본다.

▷ 28%가 블로그를 운영한다.

나이 든 세대가 토스터기에 익숙하듯, Y세대는 컴퓨터와 친숙하다.

## 야무진 컴퓨터 활용 능력

Y세대는 베이비부머 세대와는 딴판으로 인터넷 검색을 하고 블로그와 소셜 네트워킹 사이트를 돌아다니면서 시간을 많이 보낸다. 이런 측면에서 Y세대는 타의 추종을 불허하는 전문가들이다. 이런 능력은 조직에서 이전의 젊은 세대가 가지지 못한 힘과 존경을 끌어냈다. Y세대는 우리의 인터넷 여행의 가이드가 되었다. GE의 전 회장 잭 웰치Jack Welch가 이런 말을 했다. "e비즈니스 지식은 보통 나이와 지위에 반비례한다." 인터넷이라는 풍부한 정보원을 활용하기 위해 웰치는 GE에 역멘토링 제도를 도입했다. 그래서 관리자 1,000명과 Y세대 신입사원 1,000명을 짝을 지어서 관리자들이 Y세대의 도움을 받아 인터넷을 사용하는 비결을 배우게 했다. 이 시도는 엄청난 성공으로 이어졌다.

## 온라인 소셜 네트워킹

소셜 네트워킹 활동을 로터리 클럽(사회봉사와 세계평화를 표방하는 실업가 및 전문 직업인들의 단체)에 가입해서 여러 사람들과 사업상 접촉을 할 수 있는 수단 정도로 생각한다면, 세상과 접촉을 끊은 베이비부머이거나 화성에서 살다온 사람일 것이다.

'소셜 네트워킹 Social Networking' 이란 웹을 기반으로 관심사가 비슷한 사람들과 소통하는 활동이다. 이런 현상이 어디서 시작되었는지 설명하기 어렵지만, 컴퓨서브 Compuserv 와 AOL 같은 정보제공 서비스 업체가 채팅룸과 e메시징서비스를 일반인들에게 제공한 1990년대 중반부터 시작되었다는 점에 많은 전문가들이 동의한다. 1995년 〈Classmate.com〉이 옛 동창들을 찾는 서비스를 제공한 것을 시작으로, 1997년에는 〈SixDegrees.com〉이 생겨났다. 이 사이트는 '케빈 베이컨의 6단계 원리'를 바탕으로 누구나 여섯 단계만 거치면 전 세계 모든 사람과 연결된다는 개념에서 시작되었다. 이후 1999년에 서클 오프 프렌즈 Circle of Friends, 2002년에 프랜즈터 Friend·ter, 2003년에 마이스페이스 MySpace 와 린케딘 LinkedIn, 2004년에 페이스북 Facebook, 2006년에 트위터 등의 소셜 네트워크 사이트가 생겨났다. 이런 현상은 Y세대가 같은 세대 사람들과 관계를 맺고 만들어가는 모습을 드러내기에 Y세대의 삶을 들여다보는 주요한 지표가 된다.

**끊임없는 소통을 원한다**

피넛 랩스Peanut Labs가 실시한 여론조사에 따르면, Y세대 응답자의 68%가 하루에 한 번 이상 소셜 네트워크 사이트를 방문한다고 답했다. 이는 매일 4,800만 명이 컴퓨터, PDA, 휴대폰, 스마트폰 등을 통해 서로 소통한다는 의미다. 자동차 시장분석 업체 R. L. Polk & Co.,는 페이스북, 린케딘, 트위터를 통해 Y세대 하이테크 엔지니어들을 고용하는데, 지원자들이 회사를 내부에서부터 경험하도록 인턴십 프로그램을 제공한다. 이런 고용방침은 '느리게 고용하고, 까다롭게 고용한다'는 이 회사의 철학과 상통한다. 그 결과 이 회사 직원들의 이직률은 업계 평균보다 낮고, 직원들의 86%가 여론조사에서 회사를 일하기 좋은 직장으로 추천했다.

**▪▪Y세대의 성향 5**　　　　　　　　　　안정을 원한다

**경제 격변**

Y세대의 상당수는 1990년대에 부모님이 주식시장에서 한 몫 재산을 벌었다가 2000년에 정보기술IT 거품의 붕괴로 모아놓은 재산을 한 순간에 날려버리는 모습을 목격했다. 현재, 대학을 졸업한 Y세대는 다시 경제 격변을 보고 있다. 그래서 Y세대는 일자리와 경제적 안정을 찾고 있다.

## 안정을 원한다

NACE(전국 대학 및 고용주 협회)가 대학 졸업생 1만 9,000명을 대상으로 한 여론조사에서, 일자리를 알아볼 때 가장 중요시하는 기업의 특징에 따라 상위 15개 기업을 선정하게 했다. 졸업생들이 선정한 기업들 중 최고 3개 기업은 다음과 같다.

- 출세의 기반을 제공하는 기업
- 고용을 보장하는 기업
- 양질의 보험제도를 운영하는 기업
- 친절한 동료들

활발한 직장 이동job-hopping을 성공하는 길로 보았던 X세대와 달리, Y세대는 한 회사 안에서 성공을 이루고 싶어 하는 성향이 강하다. 물론 성공의 가능성이 보이지 않으면 그들은 미련 없이 회사를 떠날 것이다. Y세대의 이직률에 관심을 가지게 된 컨설팅 기업 딜로이트Deloitte는 차세대 실행계획을 전담하는 'ND National Director of Next-Generation Initiatives'라는 직위를 도입했다. ND는 젊은 사원들이 직업적 성장을 이루는 방향으로 다음 목표를 계획하도록 돕는 역할을 한다. 궁극적으로 젊은 사원들이 딜로이트에 오래 머물게 하기 위한 것이다. 이 제도를 통해 딜로이트는 직원의 이탈을 막으면서 연간 15만 달러를 절감했다.

## 친구들은 어디에 있지?

전통세대가 애사심을 통해 동기를 자극받고, 베이비부머 세대가 팀 구성에 따라 의욕을 북돋우고, X세대가 '단독비행'을 좋아한다면, Y세대는 근무환경에서 생기는 동료애를 느끼며 힘을 얻는다. 모든 동료들과 친 가족 같은 관계를 맺으려 하지는 않지만, 업무 외에 온라인 커뮤니티를 생성하여 활동하듯이, Y세대는 직장에서 소속감과 유대감을 느끼고 싶어 한다. 아마도 자신들의 헬리콥터 부모들에게 구속당하면서 독립심을 키우지 못한 탓에 또는 결과적으로 다행히 가족과 친구들과 가까워지면서, Y세대는 집단에 소속되기를 좋아하는 성향을 보이는 것 같다. 그래서 Y세대는 자라면서 조직적 활동에 많이 참여했다. 물건을 사러 갈 때도 여럿이 움직이고, 심지어 이성친구와 데이트를 할 때도 여럿이 짝을 지어 만나기도 했다. 우리가 아는 여러 고용주들의 얘기를 들어보면, 가끔 Y세대 입사지원자들이 친구 여럿을 데리고 면접을 보러 온다고 한다. 한 회사의 사장은 Y세대를 고용하면서 그 친구들도 모두 고용해야 하는지 고민했다고도 말한다.

### Y세대의 관점 4

고등학교 시절에 나는 레스토랑 체인 미미스 카페Mimi's Cafe에서 일했다. 당시에 많은 고등학생 아이들이 카페에 여럿이 함께 와서 면접을 보거나 아르바이트 지원을 했다. 그런데 점장은 여럿이 함께 제출한 지원서는 쓰레기통에 던져 버렸다. 지원자들을 한꺼번에 뽑아야 한다는 압박에 시달리기 싫어서였다.

분명히 의존성에 관한 문제라고 나는 생각했다. 우리는 무엇이든 함께 하면서 자랐고, 사장이나 점장 같은 사람 앞에서 이야기 해야 할 때 가슴이 두근거려서 어찌할 바를 모를 때가 있다. 이런 이유로 일자리를 구하러 갈 때 친구들을 데리고 간다. 분명히 득될 게 없는 짓이라는 것을 알면서도 그렇게 한다. 친구들과 함께 고용이 된다 해도 사회 경험을 쌓는 데 방해가 된다. 낯선 사람들과 어울리지 않을 가능성이 많기 때문이다.

한나 쿠엔

## 함께 무리지어 움직이다

앞서 설명한 여론조사에서 Y세대 졸업생들은 그들이 바라는 네 번째 기업의 특징으로 '친절한 동료들'을 꼽았다. 출세의 기회, 고용안정, 양질의 보험 다음으로 동료들과의 친분과 소속감을 중요시하는 것이다. 이 조사결과는 조직의 관리자가 Y세대 직원을 맞이하면서 특별히 신경 써야 함을 의미한다. 페이스북에서 신입사원들과 댓글을 주고받으며 시간을 보내거나 주차장에 들어서는 그들에게 박수를 보내야 한다는 말은 아니지만, 입사를 환영하는 차원에서 관리자로서 뭔가를 준비해야 한다는 생각이 들지 모르겠다. 오늘날 신입사원들을 '보호관찰

probation' 하는 기업들이 많다. '보호관찰' 이라는 말은 신입사원들의 입사를 환영한다는 의미와는 잘 어울리지 않는 말이다. 왠지 이 말을 들으면 범죄자가 떠오르니 말이다. 신입사원들이 입사해서 회사에 적응하는 동안에 붙일 만한 창의적인 용어를 찾으라고 제안하고 싶다.

리츠 칼튼 호텔은 신입사원들에게 각별히 신경 쓴다. 그들은 신입사원들을 고용하는 게 아니라 그들을 대표하는 팀에 지원한 사람들을 선발한다는 개념을 분명히 하면서 시작한다. 이어서 신입사원들은 1년에 걸친 오리엔테이션 프로그램을 통해 교육을 받고, 더불어 리츠 칼튼이 자랑하는 고객서비스 업무 표준Gold Standard의 다양한 측면에서 120시간 동안 집중 훈련을 받는다. 신입사원들은 또한 그들의 팀 구성원 및 감독자들과 함께 10분에서 15분간 이런 원칙들을 돌아가면서 점검하는 시간을 갖는다. 연말에는 리츠 칼튼의 '신사 숙녀를 모시는 신사 숙녀' 가 되기 위해 평가받고 자격을 인정받는다. 그 결과 직원들의 이직률은 18%에 불과하다. 고급호텔 업계 평균 이직률 158%와 비교하면 놀라운 수치다. 대학을 졸업한 졸업생들 중 30%가 넘는 사람들이 취업 시 급여보다는 회사의 교육과 자기계발이 더 중요하다고 생각하고, 98%가 훌륭한 멘토들과 교류하는 것이 한층 중요하다고 확신한다. 안타깝게도, 많은 기업들이 리츠 칼튼처럼 멀리 내다보는 눈으로 Y세대와 소통하려 노력하지는 않는다. 람스타드Ramstad가 실시한 한 여론조사를 봐도 베이비부머들의 51%는 Y세대와 거의 소통하지 않으며, Y세대의 71%는 그들보다 나이가 많은 직원들과 충분히 교류하지 않는다고 답했다.

### 삶과 일의 통합

바쁜 일정 속에서 성장기를 보냈기에 Y세대는 일과 개인의 삶이 맞물리는 데 익숙함을 보인다. Y세대는 어린 시절에 학교수업, 운동시합, 드라마 교습, 태권도 교습 등에 참여하면서도 학교에서 내준 숙제를 처리하고 가족과 시간을 보내며 친구들과 어울렸다. 요즘은 대부분 스마트폰을 이용하여 바쁜 일정을 잘 소화, 관리한다.

### 삶의 융통성을 원한다

Y세대 직원들은 정시에 출근하여 파티션이 드리워진 책상에서 시간을 보내다가 정시에 퇴근하는 일상을 답답하고 지루하게 느낄 것이다. 반면에 자신들의 업무 실적에 책임을 지되, 정해진 시간에 출퇴근하기보다 출퇴근 시간을 조정하고 싶어 한다. 기술의 발달로 집에서 일하면서 동시에 하고 싶은 일을 할 수 있는 능력도 갖고 있다. 업무 일정을 유연하게 소화해내는 점에서 Y세대는 최고의 곡예사다. 한 Y세대 직원은 친구들과 문자메시지를 주고받으면서 제안서를 작성하고 영업실적을 점검하며, 트위터에 글을 올리는가 하면 세탁물까지 찾는다. 물론 모든 업무를 이처럼 비체계적으로 해내기는 어렵다. 업무에만 전념해야 할 경우도 당연히 있다. 특히 고객 서비스 부서는 통제가 필요하다. 고객들을 계속 기다려야 하고 수시로 회의에 참석해야 한다. 발 빠른 기업들은 Y세대 직원을 보유한다는 취지로 탄력적인 근무제도를

도입하고 있다. 브랜드 마케팅과 프로모션에 강점이 있는 업샷<sup>Upshot</sup>은 스스로 재충전하고 창의성을 신선하게 유지하라는 취지에서 직원들에게 한 달에 하루를 휴가로 제공한다. 업샷은 시카고에서 일하기 좋은 상위 10대 기업과 '2008년 에이전시 리포트'에서 선정한 상위 50대 기업에 선정된 바 있다. 이 회사의 인사책임자는 회사의 휴가 정책에 대해 이렇게 말했다.

"'약간의 휴식시간'을 갖는 건 중요하다. 업무를 잘 완수하는 한 얼마를 쉬든 아무도 간섭하지 않는다."

## ▪▪Y세대의 성향 8 　　　　　친사회적 기업을 선호한다

### 사회적 책임

Y세대 하면 '세대의 사회적 책임'이라는 말이 금세 떠오른다. Y세대가 에너지 소비, 환경오염, 탄소 발자국(온실 효과를 유발하는 이산화탄소의 배출량), 고래 보호, 동물의 공장식 사육, 아동노동 착취상품 등에 관심이 많기 때문이다. 그래서 Y세대는 회사를 선택하고 오래 근무하는 조건으로 지구의 환경과 인류의 장래에 도움이 되는가를 중요시한다.

### 친사회적 기업을 선호한다

여러 조사결과를 보면, Y세대의 70% 이상이 사회적 책임을 다하는 기업을 선호한다는 사실을 알 수 있다. 콘Cone이 Y세대 직원들을 상대로 한 설문조사에 따르면, 응답자의 69%는 자신들이 다니는 회사의 사회적·환경적 기여에 대해 의식하고 있으며, 64%는 회사의 사회적·환경적 활동을 통해 애사심을 느끼는 것으로 나타났다. 그들은 사회공헌 활동에 관심이 많은 기업을 선호했다. 예전에는 취업설명회를 연 취업 담당자들이 자신의 회사 이름과 로고가 찍힌 볼펜 같은 문구류를 대학생들에게 나누어 주었으나 지금의 취업담당자들은 나무 씨앗이나 다용도 재활용가방 같은 것들을 들고 대학 취업설명회에 나타난다. 얼마 전 IBM은 '세상을 위한 기업, IBM에서 시작하라.Work for the World. Start @ IBM' 라는 취업 캠페인 슬로건을 내놓기도 했다. 세계적인 패션 브랜드 룸스테이트Loomstate도 Y세대의 사랑을 받는다. 스콧 한Scott Hahn과 로건 그레고리Rogan Gregory가 독창적으로 개발한 친환경 브랜드 룸스테이트는 의류에 100% 유기농 소재만 사용한다. 룸스테이트를 생산하는 공장에서는 최고 수준의 오염관리와 공정한 노동정책을 지키고 있다. 이렇듯 사회적 책임에 대한 Y세대의 열정은 그들과 관계를 맺는 연결고리가 될 수 있다. 운영 중인 재활용 프로그램이 있는가? Y세대 직원에게 재활용 관련 프로젝트를 맡겨보라. 회사에서 실시할 녹색정책에 대해 조사할 사람이 필요한가? Y세대 직원에게 요청하라. 고용주라면 할 수 있는 수준까지 사회적 책임을 실천하기 위해 모든 노력을 강구하라. Y세대 직원들이 지켜보고 있다.

**자원봉사 정신**

Y세대는 자원봉사 정신의 가치를 높이 사며, 되돌려주는 마음을 중요하게 생각한다. Y세대 자녀들에게 이런 가치를 심어준 베이비부머 부모들의 공로도 어느 정도는 인정해야 한다. 자녀들을 올바로 키우겠다는 일념으로 많은 베이비부머들이 자녀들을 자원봉사활동에 참여하게 한 결과다. 아이들은 그렇게 현실세계를 직접 체험함으로써 타인의 욕구를 인식하고 대학에 진학하면서도 도움을 얻었다. 적정한 시간 동안 자원봉사활동을 해야 졸업을 할 수 있는 학교들도 많았다. 자원봉사활동이 사심 없는 순수 활동이라고 보기는 어렵다. 수업 요건을 충족하고 영예 학생 단체(성적이 우수하거나 과외활동에 공로가 있는 학생들이 회원이 되는 단체)에 가입하거나 대학에 입학하기 위해 자원봉사활동을 하는 경우도 많다. 그렇다 해도 더 나은 세상을 만들기 위해 자원봉사활동에 참여하는 마음이 중요하다.

## 자원봉사를 즐긴다

Y세대의 60% 이상이 자원봉사의 기회를 제공하는 기업에서 일하기를 원한다. 딜로이트에서 차세대 실행계획Next-Generation Initiatives을 전담하는 스탄 스미스Stan Smith가 이와 관련하여 다음과 같이 말했다.

"직원들에게 의미 있는 사회참여 기회를 풍부히 제공하는 기업들이 인기를 끌 것이다."

자원봉사의 기회를 제공함으로써 Y세대 직원들과 조직에 모두 몇 가지 혜택이 돌아간다. Y세대 직원들은 자신들의 업무 성과를 즉각 확인함으로써 자신감을 얻고 업무의 중압감에서 벗어나 편안한 분위기에서 창의적으로 일할 수 있다. 이와 더불어 회사는 사회에 공헌한다는 평판을 얻는다. 무엇보다 자원봉사활동은 Y세대 직원들에게 폭넓은 훈련의 기회가 된다.

영업과 고객관리 솔루션을 제공하는 〈SalesForce.com〉은 〈포브스〉가 선정한 미국에서 빠르게 성장하는 기업 순위 2위에 올랐다. 이 회사의 웹페이지에는 직원들이 '세상을 변화시키는 의식'을 갖추고 있다는 말이 등장한다. 〈SalesForce.com〉은 수익의 1%를 기금으로 쌓아두었다가 업무시간의 1%를 자원봉사활동에 투자하는 직원들에게 되돌려준다. 이 제도에 따라 직원들이 1년 동안 자원봉사활동을 한 시간은 모두 합해 무려 5만 시간에 이른다. 놀랍지 않은가!

**Y세대가 꿈꾸는 직장 | 구글**google

구글은 직원들에게 현지 의료 및 치과 치료와 무제한 병가 혜택을 제공할 뿐 아니라 직원들이 학비를 지원받아서 5년 간 학교에 다닐 수 있는 교육제도, 그리고 각종 외국어 강의를 들을 수 있는 현지 교육 제도를 운영한다. 하나가 더 있다. Y세대의 심금을 울리는 고용철학이다. 구글 웹사이트를 방문하면, 구글에서 일하고 싶어지는 10가지 이유를 찾을 수 있다.

1. **서로서로 도움을 주고받는다** 매달 수백만 명이 방문하는 구글은 마치 죽마고우처럼 일상의 필수 요건이 되었다. 사람들과 연결되어 멋진 인생을 살기위해 필요로 하는 정보들을 교환한다.

2. **인생은 아름답다** 당신이 중요한 뭔가의 일부가 되고 믿을 수 있는 생산물을 만들어내는 것은 더할 나위 없는 충만함으로 이어진다.

3. **감사는 최고의 동기부여책이다** 그래서 우리는 당신이 기꺼이 우리의 일원이 되도록 즐겁고 영감을 주는 일터를 만들었다. 그래서 직원들은 현지에서 의료 및 치과 치료를 받고 마사지를 받고 요가를 하며, 여러 곳에 소재한 운동장에서 스포츠를 즐기고 언제든 무료로 간식을 즐긴다.

4. **일과 놀이는 별개가 아니다** 일과 놀이를 동시에 할 수 있다.

5. **우리 직원들을 사랑하며, 직원들이 이를 알기를 바란다** 구글은 의료제도 선택, 기업형 퇴직연금[401k], 스톡옵션, 출산 및 육아 휴가 등 직원들에게 다양한 혜택을 제공한다.

6. **혁신이 우리의 생명줄이다.** 최고의 기술이라도 더 발전시킬 수 있다. 구글 사용자들을 위해, 한층 더 현대적이고, 한층 더 유용하고, 한층 더 빠른 상품을 창출할 무한한 기회가 보인다. 구글은 세상의 정보를 집대성하는 기술의 선두주자다.

7. **어디를 보나 좋은 동료가 있다** 전직 신경외과 의사에서부터 CEO, 미국 퍼즐 챔피언, 악어 씨름꾼에 이르기까지 다양한 구글러들이 활동하고 있다. 구글러들은 각자의 배경에 상관없이 서로 흥미로운 경험을 주고받는다.

8. **세계를 하나로 묶는다. 전 세계 사용자가 동시에 접속한다** 구글은 모든 국가와 모든 언어를 지원한다. 세계적 관점에서 생각하고 행동하고 일하는 것은 미흡하나마 나름 더 나은 세상을 만드는 데 기여하는 것이다.

9. **미지의 세계로 과감히 나아간다** 아직 해결이 안 된 문제들이 산더미 같다. 여기서 당신의 창의적 아이디어가 중요하고 탐색할 가치가 있다. 당신은 무수한 사람들이 유용하게 사용할 혁신적 신상품을 개발할 기회를 가질 것이다.

10. **공짜 점심 같은 것이 있다** 실제로 우리는 몸에 좋고 맛있으며 사랑이 깃든 것들을 매일 먹는다.

> 구글처럼 Y세대 직원들의 관심을 끌 수 있는 '우리 회사에서 일하고 싶은 10가지 이유'를 작성해보자.

## ▪▪Y세대는 이렇다!

부모들에게 과잉보호를 받은 탓에 버릇이 나쁘다는 소리를 듣기도 하지만, Y세대는 어느 조직에서나 상당히 가치 있는 역할을 한다. Y세대는 특히 IT 관련 업무에 상당히 능하다. 아직 젊고 전 세대와 다른 환경에서 자란 Y세대에게 직무 범위를 벗어난 일도 맡겨봐야 한다. 책임질 줄 아는 자세를 교육하고 훈련시키는 것이 좋을 것이다. 중요한 사실은 무엇보다 Y세대가 소속감을 느낄 때 최선을 다할 것이란 점이다.

"되돌아보며 '내가 할 수 있는 모든 것을 해냈다.
그리고 나는 성공했다.' 고 말하고 싶다.
되돌아보며 '이것이나 저것을 해야만 했어.' 라고
말하고 싶지는 않다.
떠오르는 젊은 세대 수영선수들을 위해
변화를 이루고 싶다."

**마이클 펠프스**Michael Phelps | Y세대 올림픽 챔피언

## ▪▪Y세대의 성향을 파악하라

미국에서 Y세대는 전체 직장인의 35%를 차지한다. 어느 집단에서나
일어나는 일이지만, Y세대 직원은 관리하기가 참으로 어려워서 아예
손을 놓고 싶은 마음이 들 때도 있다. 그럼에도 거의 언제나 Y세대의
특별한 성향을 수용해나가는 한 별다른 문제가 생기진 않을 것이다.
한 제조회사에서 6년을 일한 Y세대 케이지Kasey는 얼마 전에 영업관리
부장으로 승진했다. 그녀에게 이런 말을 들었다.

"아침에 잠에서 깰 때 전혀 불안하지 않아요. 귀에 박히도록 들었지만,
우리는 정말 굉장한 가족 같아요. 우리 회사는 일하기 즐거운 곳이고, 모
든 직원이 편안한 마음으로 일을 해요. 고객들도 우리를 신뢰해요. 저는

이미 계획한 일정 외에도 늘 새로운 일들을 맡게 되요. 제 위로 상사 두 명이 있는데, 매일 둘 중 한 사람에게 꼭 피드백을 받아요. 대부분 좋은 반응을 보여요. 두 사람은 지적할 게 있으면 제가 부담을 느끼지 않도록 이야기를 해주죠. 제가 이 일을 좋아하는 이유 중 하나죠. 두 사람은 흡사 우리 부모님처럼 힘든 상황에서 버팀목이 되어준답니다. 제가 필요로 할 때 늘 제 앞에 나타나고 제게 관심을 많이 쏟으니까요. 두 사람이 없었다면 지금처럼 이 일을 좋아하진 못했을 거예요."

유명 대학에서 MBA를 이수한 데이비드David는 무역회사 면접을 보는 자리에서 면접관에게 근무시간을 자유롭게 조정하고 싶다고 말했다. 이에 면접관은 한 달에 2~3일 재택근무를 허용하겠다고 답했다. "안 됩니다." 데이비드가 딱 잘라 말했다.

"저는 마라톤을 즐깁니다. 1년에 네다섯 번 경기에 참여해요. 1년 동안 전국을 완주하려면 시간을 내야 합니다. 그리고 저는 별다른 일이 없는 한 새벽 네 시에 훈련을 해요. 그러고 나서 출근을 하는데, 겨울에는 너무 춥고 어두워서 8시보다는 10시 정도에 출근하면 좋겠습니다."

사무용품 판매점을 운영하는 스티브는 X세대인데, Y세대 직원 10명을 관리하고 있다. 어느 날, 한 직원의 부모가 스티브를 찾아와 왜 자신들의 딸을 해고했는지 따지고 들었다. 스티브는 그 직원이 클레임을 하는 고객과 통화하다가 "썩 꺼져!"라고 말하고는 전화를 끊어버렸다고 말했다. 그런데 그 직원의 부모는 딸의 사정 얘기를 듣지도 않고 딸을 해고한 데에 대해 충격을 받은 듯했고, 딸에게 기회를 한 번 더 달라고 요구했다고 한다.

Y세대는 그들을 관리하는 전통세대나 X세대와 직장과 근로조건을 생각하는 관점이 다르다. 이런 차이를 먼저 이해해야 Y세다 직원들을 잘 관리할 수 있고, Y세대 직원들 또한 발전할 수 있다. Y서대를 관리하면서 다음 세 가지를 놓쳐서는 안 된다.

- 주눅 들게 하거나 기분 상하게 하지 말고, 근무환경에 등화되도록 도와라.
- 경력을 쌓는 토대가 되는 탄탄한 체험을 제공하라.
- '자기 파괴'를 하지 못하게 하라.

## ⬛Y세대 관리 비결

### 1. 결속할 기회를 만들라

Y세대 직원들이 업무에 무관심한 것처럼 보인다고 고용주들이 불만을 터트리곤 한다. 맞는 말이다. Y세대 직원들, 특히 나이가 어린 직원일수록, 우리가 젊었을 때 회사 일에 관심을 가지지 않았던 것처럼 업무에 무관심한 경우가 많다. 하지만 여느 세대와 마찬가지로, Y세대 또한 생활비를 벌기 위해 직장을 다닌다. 가족 틈에서 자라면서 가족애를 느끼듯이, Y세대는 소속감을 가지고 가족 같은 분위기에서 일할 수 있는 직장에 많이 이끌린다. 대학 졸업을 앞둔 22살의 닉<sup>Nick</sup>은 우리와 상담하

면서, 학창 시절에 한 일 중 식당의 주차관리 일이 가장 돈 벌이가 잘 되었지만, 혼자 일할 수밖에 없어서 그 일이 별로 마음에 들지 않았다고 말했다. 급기야 닉은 주차 일을 그만두고, 일이 무척 재미있다고 얘기해준 친구의 뒤를 이어 커피 전문점에서 일을 시작했다. 커피 전문점에서 일하면서 닉은 기존의 절반 밖에 수입을 벌지 못했지만, 동료들뿐 아니라 고객들과 잘 어울리며 즐겁게 일을 했다. 닉의 말은 많은 것을 느끼게 한다.

"이렇게 일하는데 굳이 파티에 갈 필요가 있을까요?"

Y세대 또한 그들의 상사들과 유대감을 느끼고 싶어 한다. Y세대가 애사심이 없다는 것은 옛날 얘기다. Y세대는 끈끈한 결속을 추구한다. 즉 Y세대는 친근하고 관심을 주고 인정해주는 상사와 일하고 싶어 한다. '지지자로서의 상사'에서 '친구로서의 상사'로 선을 넘지 말아야 한다는 점을 유념해야 한다. 즉 관리자가 직원에게 '코치' 역할을 해야 하는 것이다. 이는 '호의적인 상사'를 넘어서지만 '다정한 부모'에 못 미치는 역할이다. Y세대 직원들에게 관심을 기울이지만, 그런 관심이 과도한 사랑으로 이어지지 않도록 하는 게 우선이다. 그래서 규정을 엄수하고 직무를 완수하며 마감기한을 지키고 조직에 기여해야 한다는 점을 Y세대 직원들에게 강조해야 한다. 그들이 그렇게 한다면, 그에 대해 인정하는 태도를 보여야 한다. 그렇게 하지 않는다면, 학교 선생님이나 부모들이 아이들을 교육하듯이, 용기를 북돋아주고 조언을 해주면서 잘 해나가도록 옆에서 지원해야 한다. 그러나 그들이 계

속해서 기대에 못 미친다면, 학교 선생님이나 부모와 달리, 그들을 해고해야 할 것이다.

Y세대인 엠마Emma는 소규모 고급 호텔에서 안내인으로 일한다. 엠마는 매니저와 인연을 맺게 된 과정을 다음과 같이 설명했다.

> "면접 과정에 호텔 직원들을 만나는 일정도 포함되어 있었어요. 이 방식이 꽤 마음에 들었어요. 함께 일하게 될 다양한 직원들을 대략 파악할 수 있었으니까요. 그들 중에 매니저 한 분이 제 마음을 사로잡았어요. 그녀는 아주 직설적으로 질문을 던졌지만, 제가 가진 끔찍한 약점을 들춰내려고 하진 않은 것 같아요. 입사를 결정하기 전에 그녀와 얘기를 나눌 수 있는지 물어봤어요. 그녀는 바로 그날 절 부르더군요. 그녀에게는 회사의 문화에 대해 편히 물어볼 수 있겠다는 생각이 들었어요. 그녀 역시 솔직하게 얘기해줄 것 같았어요. 그 후로 그녀는 저의 비공식적 멘토가 되었답니다. 그녀는 제 매니저는 아니지만, 골치 아픈 일이 생길 때마다 제 옆에서 힘이 되어요. 그래서 늘 안심이 된답니다. 제가 실수를 하더라도 그녀는 절 절대로 비난하지 않아요. 현재 이 호텔에 다닌 지 1년이 되었고, 당장 직장을 옮길 생각은 없어요."

## 2. 있는 그대로 말하라

인정받기 위해 늘 치열한 경쟁을 치러야 했던 전통세대와 베이비부머 세대와 달리, Y세대는 존재 자체로 인정을 받았다. Y세대가 너무 쉽게 인정을 받아와서 나쁜 소식에 잘 대처하지 못한다는 인식이 퍼져 있다. 어느 정도는 사실이다. 하지만 Y세대 또한 있는 그대로의 사실을 알고 싶어 한다. 나쁜 소식을 좋게 포장해서 알려봐야 그들의 발전에 도움이 되지 않고, 그들에게 신뢰를 주기도 어렵다. 그들에게 골치 아픈 일을 시킬 때에는 사실을 있는 그대로 전달하고 그들이 그 일을 해낼 수 있는 이유를 설명한다. 무언가 실수를 하면, 그 사실을 인식하게 하고 똑같은 실수를 반복하지 않도록 방법을 알려준다.

Y세대 직원들을 여럿 관리하는 마리엔<sup>Marianne</sup>을 본받을 필요가 있다. 베이비부머 세대인 마리엔은 산림청에서 공항순찰관으로 일하고 있다. 그녀의 말을 들어보자.

"제가 그 친구들 엄마 같다는 생각이 들 때가 있어요. 자외선 차단제를 바르고, 명찰을 달고, 탈진하지 않도록 물을 충분히 마셔두라고 직원들에게 늘 당부해요. 그래도 직원들이 일에 열정을 바치는 모습이 좋아요. 저는 직원들의 얘기를 귀담아 듣고, 직원들은 날씨 정보 같은 것을 알려주면서 제가 놓치는 게 없도록 해주죠. 그래도 분명한 것은 저 혼자 의사결정을 내리지 않는다는 점이에요. 우리는 자주 모여서 동물 관리나 정리 업무에 관해 계획을 짜는데, 보통은 직원들에게 의견을 물어요. 하지만 직원들에게 의견만 묻는 것은 민주적 방법이 아니에요. 그래서 문제가 생기면 제가 책임진다는 점을 설명하고, 최종 결정을 제가 내립니다. 직원들에게 이 방법이 잘 통하는 것 같아요."

## 3. '좋았던 옛 시절'을 입에 담지 말라

"내가 여러분 나이였을 때는…"라든가 "옛날에는…"라든가 "우리가 주로 했던 방식은…" 등등의 말을 하다보면 과거에 집착하기 쉽다. Y

세대는 그들의 관리자만큼 나이를 먹으리란 사실을 실감하지 못할지 모른다. 그러니 '좋았던 옛 시절'에 대해 툴툴대는 것을 관두는 게 좋다. 관리자는 Y세대가 성공하도록 지원하고 돕는 데 책임을 다하면 되지, 잘 나가던 시절의 무용담을 들먹일 필요는 없다.

### 4. Y세대에게 적합한 규정을 만들라

어떤 환경에서나 구성원들에게 적합한 규정을 운영해야 하지만, 구시대 유물 같은 규정에 얽매이는 경우가 많다. 쓸모없는 규정을 없애라는 제안을 Y세대를 관리하는 관리자들이 더욱 귀담아 들어야 한다. Y세대에게 어떤 규정을 지키라고 누누이 강조하고 있거나 그런 규정을 수정하려고 고심 중이라면, 스스로 이유를 따져본다. 그리고 문제가되는 규칙이 왜 중요한지 자문해보자. 그 규칙이 고객 서비스, 영업, 보안, 품질, 비용 등에 영향을 미치지 않는다면 과감히 없애라. 가령 이런 식이다. 왜 업무 중에 음악을 들어선 안 되는가? 고객과 대화를 나누고 있는 중이라면, 특히 나이 많은 고객은 그런 행위를 싫어한다. 따라서 규정을 바꾸고 싶지 않다. 반면에 고객과 상담하는 중이 아니고 별다른 문제가 없다면 업무 중에 음악을 들어도 되지 않을까?

- 프라이워터하우스쿠퍼스는 Y세대 직원들이 흔히 던지는 물음, "언제 진급할 수 있을까요?"라는 질문에 답을 제공한다. 주로 그들과 짝을 이룬 멘토들이 회사가 요구하는 능력을 개발하면 3년이내에 진급할 것이라고 예측해준다. 언제나 변수가 생기게 마련이라 장담하기 어렵지만, 적어도 직원들에게 '시간의 틀'을 제시

하고 있다.

- 신용카드 회사 캐피털 원<sup>Capital One</sup>은 신입사원들에게 3주 휴가를 제공하는데, 휴가를 1주 더 늘릴 수 있는 선택권을 준다.
- 의료 컨설팅 회사 스톡앰프 & 어소시에이트<sup>Stockamp & Associates</sup>는 Y세대 신입사원들이 경륜 많은 컨설턴트의 사려 깊은 보호 아래 주요 고객들을 만나가면서 업무에 익숙해지도록 돕는다. 젊은 직원들이 고객과 고객이 원하는 것에 대해 배울 수 있는 효과적인 수단을 제공하는 것이다.

똑같은 규정이라 해도 일의 유형이나 업종에 따라 효과가 다르므로, 조직에 적합한 규정을 정해야 한다. 최대한 Y세대 직원들의 마음을 이끌 수 있는 환경을 조성하라. Y세대에게 적합한 규정들이 조직의 긍정적인 힘으로 작용할 것이다.

## 5. 재택근무를 허용하라

대학 졸업을 앞둔 Y세대 행크<sup>Hank</sup>는 회계사를 목표로 공부하고 있다. 행크는 모든 강의를 온라인으로 듣고 있다. 온라인 강의를 하는 교수들은 웹상에서 강의하고 채팅으로 학생들과 소통한다. 행크는 동급생 여럿과 팀을 짜서 연구 과제를 수행하고 있는데, 온라인에서 팀원들을 만나거나, 그것이 여의치 않을 경우 바나 커피숍에서 회의를 한다. 베이비부머 세대는 일 때문에 살고, X세대는 생계를 위해 일하지만 Y세대는 일과 삶을 분리하지 않고 하나로 통합한다. 베이비부머 세대와 X세대는 얼굴을 맞대고 일하는 것과 따로 떨어져서 일하는 것이 분명히 다르다고 생각하는 경향이 있다. 반면에 Y세대는 일요일 밤에 귀에 이어폰을 꽂은 채 블로그에 글을 올리고 페이스북 게시판을 둘러보기도 하면서 상사를 참조로 이메일을 작성해 고객에게 보낸다. Y세대는 이런 활동방식에 익숙하다.

시스코 시스템즈는 직원들을 대상으로 설문조사를 실시하면서 직원들에게 재택근무를 허용한 결과 2억 7,700만 달러를 절감한 사실을 발견했다. 설문에 참여한 직원들의 69%가 재택근무를 실시한 이래 생산성이 높아졌다고 말했다. 한편 조직의 기술 수준을 최신으로 유지할 필요가 있다. Y세대는 아이폰이나 위[Wii] 같은 최첨단 기술이 적용된 것들을 발 빠르게 받아들이는 기업에서 일하기를 원한다. 조직의 기술 수준이 뒤져 있고 개선 가능성이 없다면, 이 사실을 Y세대 입사지원자들에게 분명히 밝히고 기술적 약점을 대체하는 다른 혜택들을 제시한다. 예컨대 보안을 철저히 하는 공기업들 중에는 휴대전화기나 PDA를 휴대하지 못하게 하는 곳들이 많다. 이런 공기업들은 최신 기기를 만지지 않고는 못 견디는 Y세대 직원들에게 업무상의 혜택을 제공한다. 도전의식을 불태울 수 있는 업무를 맡긴다거나 최고의 인재들과 함께 팀을 이루게 한다거나 업무상 자율권을 부여한다거나 최고 기밀 프로젝트에 참여하는 기회를 제공하는 식이다.

## 6. 탄력 있는 근무제도를 운영하라

소방관이나 응급 구조대원들은 근무시간이 길고 근무일수가 적은 근무제도 아래 오랫동안 일을 해왔다. 오늘날 다양한 업종에서 탄력 있는 근무제도를 많이 운영하고 있다.

근무일정을 자유롭게 조정할 수 있는 자율권은 Y세대에게 주요한 동기요인으로 작용한다. 모든 업무에 대해 이런 제도를 적용하기는 어렵지만, 유연성이 요구되는 업무 분야를 찾아서 근무제도를 조정하면 된다. 단, 직무와 책임 범위를 확실히 정해야 한다. Y세대 직원들을 대상으로 다음 조건들을 고려한다. 근무일수를 조종하면 상품 생산이나 팀 프로젝트 운영, 고객 서비스에 차질을 빚지 않을까? 시간 외 근무나 재택근무가 가능할까? 재택근무를 하지만 한두 시간 사무실에서 근무해야 하는 경우, Y세대 직원들은 어떤 시간대를 선택할까? 탄력 있는 근무제도 아래 책임을 다할 수 있는 직원들에게 선택의 범위를 넓게 주자. 직원들이 애사심을 가지고 업무에 한층 더 노력을 기울일 것이다.

## 7. 틈틈이 소통하라

관리자라면 Y세대 직원들에게 '대리 부모' 역할을 해야 할 것이다. 그들을 보호하고 멘토가 되어주며 성공하도록 이끄는 역할을 대리해야 한다는 말이다. 직무를 수행하고 실수에 대한 책임을 강조함으로써 어른다운 어른이 되도록 이끌어야 한다. 그들의 베이비부머 부모들이 이미 끝낸 부모의 역할을 다시 하는 것이다. 격려하고 자신감을 북돋아 주는 것도 '대리 부모' 역할에 포함된다. 자동차 정비소를 운영하는 한 여사장이 Y세대 정비공들이 못마땅하다며 불만을 터트린 적이 있다. "이 어린 친구들은 출근하는 것만으로 기립박수를 받아야 한다고 생각해요. 일찍 출근하는 것이 뭐가 그리 대단하다고…"

그녀는 짜증스럽게 말했지만, 핵심을 찔렀다. Y세대는 대다수 사람들이 굳이 인정하지 않는 행동에 대해 인정을 받고 싶어 하기도 한다.

나름대로 자란 방식이 있다면, 아마 적어도 직장생활 초기에는 그 방식을 필요로 할지도 모른다.

우리가 아는 한 Y세대 여성은 매일 자신의 상사와 얘기를 나눈다고 한다. 그녀는 자신이 제대로 하고 있는지 확인할 수 있어서 대화가 즐겁고, 자신의 얘기를 귀담아 들어주는 사람이 있어서 기분이 좋다고 했다.

우리가 아는 다른 Y세대 남성은 집에서 인터넷 커뮤니티 활동을 즐긴다고 한다. 수많은 사람들과 교류하면서 회사에서 받은 스트레스를 풀 수 있다고 한다. 관리자와 자주 소통하는 Y세대 직원은 누군가가 옆에 있다는 생각에 안도감을 느낄 것이다.

Y세대 직원들을 관리하고 있다면, 신입사원 오리엔테이션에서 교육하지 않은 업무영역을 파악하도록 지도하고 조언하는 것도 잊지 말아야 한다. 무엇보다도 목표와 책임 범위에 대해 철저히 교육해야 한다. 뿐만 아니라 동기를 부여하고 실수를 바로잡아 주기 위해 피드백을 지속하도록 애써야 한다. 이런 피드백은 자주 할수록 좋다. 이런 피드백을 통해 Y세대 직원들은 자신감을 얻으며 실수를 바로 잡는다. 그들과 자주 대화하고, 미숙한 부분을 과감히 지적하며 잘못을 바로잡아주어야 한다.

## 8. 작은 재미를 불러일으켜라

얼마 전 미 동부 해안에서 편의점 체인 직원들을 대상으로 강연을 했다. 수업과 운동이라는 모티브로 '우리는 반에서 1등'을 강연 주제로 삼았다.

강연 전에, 한 고등학교 밴드가 행진곡을 연주하면서 축하 행사가 시작되었다. 지역별로 조를 짠 관리자 45명이 축구복 복장을 하고 상대 지역 사람들에게 박수를 보내며 강연장에 들어섰다. 곧이어 행사 관리자가 박수 시합을 붙였다. 치어리더로 변장한 CEO와 경영진(배가 불룩 나오고 다리가 가는 한 무리의 베이비부머들)이 들어서자 장내는 완전히 아수라장이 되었다. 풍만한 가슴에 가발을 쓰고 미니스커트를 입은 모습은 직원들에게 웃음을 주기에 충분했다. 이렇게 여자로 변신한 회사 간부들은 비틀비틀 피라미드를 쌓으면서 나름의 응원 시합을 벌였다. 이에 직원들이 함성을 지르고 박수를 치고 야유를 보내는 식으로 간부들의 공연을 평가했다. 어떤 찬사로도 부족한 즐거운 공연이었다.

지금까지 강연 전 축하 행사로 이런 공연은 처음이었다. 정말로 열기가 넘치고 창조성이 돋보이는 유쾌한 행사였다. 이런 즐거움을 누리기 위해 연례 회의까지 기다릴 필요가 없다. 한 기업은 매달 실적을 평가하고 보상하는 월간회의에서 업무 관련 토의와 함께 노래자랑, 장난감 탑 쌓기, 철자 맞추기 같은 놀이를 한다. 회의 시간의 반은 이런 놀이를 하면서 웃고 즐긴다.

한 경영자는 회사 휴게실에 게시판을 하나 비치해놓았다. 매달 직원을 선정해서 게시판을 사용할 수 있는 자격을 부여하고, 선정된 직원은 자신의 개성을 표현하고 가족과 관련된 내용이라면 무엇이든 개시할 수 있다. 게시판에는 주로 아기 사진, 아이들이 그린 그림, 평소 즐기는 요리의 조리법 등이 개시되어 있다. 게시판을 비치한 경영자는 이렇게 얘기했다. "저는 대다수의 직원들보다 20살은 더 많지만, 게시판을 통해 업무 외에 직원들과 소통합니다. 직원들 또한 서로를 알게 되고, 부서가 다른 직원들끼리도 친분을 쌓게 된답니다."

누군가 우리에게 이런 말을 한 적이 있다. "일이 즐거워야 한다면,

그게 노는 것이지 일하는 것은 아니잖아요." 물론, 놀기 위해 출근하는 것은 아니다. 그러나 우리는 대부분 하루의 반을 회사에서 보낸다. 그렇다면 작은 즐거움을 누릴 여유가 있어야 하지 않을까? 회사 생활이 즐거워야 출근할 맛이 난다. 회사 간부 100명을 대상으로 한 설문조사에 따르면, 응답자의 84%가 유머 감각이 많은 직원일수록 업무를 잘 수행한다고 생각했다. Y세대는 삶에 재미를 보태온 세대이기에 일에도 재미를 보태야 하는 것이다. 직장을 놀이터로 만들자는 게 아니다. 적정한 기준에 따라 업무에 흥미를 불어넣으면 된다.

## 9. 이유를 설명하라

매사에 이유를 분명히 하는 성향 또한 Y세대의 지표라고 할 수 있다. 가령, Y세대는 안전 벨트를 왜 매야 하는지, 길을 건너기 전에 왜 주위를 둘러봐야 하는지, 낯선 사람에게 왜 말을 걸면 안 되는지, 왜 학교에서 좋은 성적을 거두어야 하는지, 왜 자원봉사를 하는지, 왜 팀에 소속되어야 하는지 등 매사에 이유를 분명히 이해하려 한다. 관리자라면 무엇보다 그들의 의견을 존중하는 태도를 보여야 한다. Y세대에게 목표를 할당할 때 다음을 유념한다.

- 직무 목표를 설명한다. 마감기한, 예산제약, 물리적 기술<sup>physical</sup> description, 업무 방식이나 업무량 등에 대해서도 설명한다.
- 이유를 분명히 한다. 가령, 그들에게 맡긴 직무가 고객들이나 조직에, 또는 그들에게 왜 중요한지 설명한다.
- 직무를 수행하는 데 필요한 자원이나 지원 수준을 분명히 밝힌다.

- 직무를 수행하면서 부딪칠 수 있는 장애에 대해 설명하고 그 장애를 회피하거나 극복하기 위한 대안을 짜 피드백한다.
- 여러 가지 질문을 한다.
- 직무를 수행하는 과정을 꾸준히 점검한다.

## 10. 피드백을 멈추지 마라

Y세대는 부모나 친구로부터, 심지어 비디오 게임을 하면서 즉각적 피드백을 받는 것이 몸에 밴 사람들이다. 만약 6개월 또는 1년에 한 번 실적평가가 이루어진다면, Y세대 직원들은 자신들이 얼마나 잘 하고 있는지에 대하여 궁금해서 못 견딜 것이다. 관리자라면 1주일 또는 매일 Y세대 직원 개개인에게 피드백을 하라고 권하고 싶다. 너무 세세하게 할 필요는 없다. 무엇을 잘 하고 있는지, 어떤 점을 개선해야 할지 몇 마디만 설명해도 엄청난 효과를 볼 수 있다.

어떤 학파에서는 관리자들이 직원에 대한 어떤 비난이라도 두 가지 '칭찬' 사이에 '끼워 넣어야' 한다고 주장한다. 이런 방법은 스폭 박사가 주장한 사고체계에서 도출했는데, 어떤 희생을 치르더라도 직원의 자존감을 유지해야 한다는 생각에 토대를 두고 있다. 이 '샌드위치' 기법을 활용하여 직원에게 잘못을 지적하는 관리자라면 아마 직원에게 이렇게 말할 것이다.

"해리, 자네는 정말 혼자서도 일을 잘 해내는 사람이야. 하지만 자네의 실수가 도를 넘어서서 걱정스럽네. 안타깝군 그래. 실수만 안 했다면 잘 해냈을 텐데."

직원들이 자신의 실수를 즉각 알아차리기 때문에 이 방법을 권유하고 싶지 않다. 시작과 끝에 칭찬을 하면 수치심이 유발해서 전달하고자 하는 바의 핵심을 비켜갈 수 있다. 직원들은 종종 이 방식을 'WOHICA<sup>Watch Out, Here It Comes Again</sup>(조심해, 또 그런 일이 일어날 테니) 방식으로 생각해서 냉소적으로 받아들인다.

칭찬을 늘리고 비판을 줄이되 둘을 섞지 않는 좋은 방법이 있다. 힘을 주는 피드백(칭찬)을 자주 하고 잘못을 바로잡는 피드백(비판)은 직원이 요구할 때 하는 것이다. 단, 전달하려는 바가 불분명혜지고 혼동되지 않도록 시간을 달리해서 피드백해야 한다.

- **힘을 주는 피드백(칭찬)** 다음 '3S 규칙'을 따를 때 칭찬에 대한 반응이 극대화된다.

▷ **구체적으로 한다Specific** 직원을 칭찬할 때는 칭찬하는 내용을 구체적으로 설명하여야 효과적이다. 어떤 부분을 잘 했고, 왜 중요한지 알려준다.

▷ **중요한 일을 칭찬한다Significant** 사소한 행동까지 칭찬하면 그 진의가 퇴색된다. 칭찬을 받는 사람이 중요시하는 부분에 대해 칭찬해야 한다. 가령, 직원에게 업무성과를 칭찬하지 않고 책상을 깨끗이 쓴다고 칭찬한다면 과연 어떤 일이 벌어질까?

▷ **솔직하게 한다Sincere** 솔직한 피드백과 아첨의 차이는, 전자가 진심에서 우러나와 상대로부터 올바른 반응을 불러일으킨다는 점에 있다.

- **잘못을 바로잡는 피드백(비판)** 충고에 관한 해묵은 지침이 있다. "대다수가 충고를 필요로 하지 않으며, 필요로 하는 사람들도 마음에 두지 않을 것이다." 이 말이 사실에 가깝다 해도 관리자라면 부하직원들의 잘못을 바로 잡고 그들이 올바른 길에서 벗어나지 않도록 지도하고 이끌어야 한다. 이것이 바로 '코칭 coaching'이다. 잘못을 바로잡는 피드백을 주는 것은 물론 직원이 피드백을 받아들이고 태도를 바꾸도록 이끄는 것이 코칭의 목적이다. 몇 가지 방법을 소개한다.

▷ **적절한 시기를 선택한다** 잘못을 바로잡는 피드백은 학습을 촉진하는 목적도 있다. 부하직원이 실수를 하면 성급하게 잘못을 따지고 꾸짖는 경우가 많다. 이때, 꾸지람을 들은 직원은 자신이 상사에게 인정받지 못한다고 느끼게 된다. 그야말로 최악의 시간이다. 감정은 배움의 과정을 가로막는다. 피드백을 주고받는 두 사람 중 한 명이 화가 났을 때 더욱 그러하다. 가르칠 수 있는 순간까지 피드백을 보류해야 한다.

▷ **잘못을 탓하기보다 가르치기 위해 피드백을 한다** 거듭 말하지만, 감정은 유용한 정보의 전달을 차단한다. 피드백을 하기 전에 분노를 가라앉히고, 피드백의 당위성과 달성하고자 하는 목표를 고찰한다.

▷ **사적인 자리에서 한다** 공개석상에서 잘못을 지적받고 싶어 하는 사람은 없다. 관리자의 의도가 어떻든 간에, 동료들 앞에서 관리자의 부정적 피드백을 받은 직원은 방어적인 태도를 취할 수 있다.

▷ **실제로 개선할 수 있는 부분에 대해 피드백한다** 개선해야 할 태도, 충족해야 할 기준, 달리 처리해야 할 일, 개선해야 할 절차, 달성해야 할 목표 등에 대해 설명한다.

▷ **현재와 미래에 초점을 맞추되 과거의 참고자료를 활용한다** 과거는 바뀔 수 없다. 과거의 실수를 거론한다고 해서 실수를 개선할 수 있는 것은 아니다. '당신은 실수를 저질렀어'라고 말하기보다 '앞으로 문제없이 처리하면 좋겠군'이라고 말하는 편이 낫다.

▷ **비난하는 표현을 절대 삼가라** 애지중지 보살핌을 받으며 자란 Y세대는 상처도 쉽게 받는다. Y세대 직원에게 잘못을 바로잡아 줄 때는 성격, 의도, 직업윤리, 지능에 대해 비난하는 표현을 쓰지 말아야 한다. 마음의 상처를 입고 회사를 그만 둘 수도 있다.


## ▪▪ 결론

Y세대는 늘 부모와 대화하고 의견을 제시하고 사소한 일에도 칭찬을 받으며 자란 사람들이다. 그래서인지 회사에서도 상사들에게 그런 대우를 기대한다. Y세대를 애지중지 다룰 필요는 없지만, 무엇을 요구하는지 이해해야 한다. 일상에서 대화하고, 칭찬을 자주 하고 필요할 때 피드백을 하여 잘못을 바로잡아 주어야 한다. 업무와 목표는 구체적으로 설명한다. 업무를 제대로 수행하는 한 근무시간과 업무방식을 자유롭게 조정하게 한다.

　마지막으로, 그들과 즐거운 조직문화를 조성한다. 세대와 지위를 넘어서 모든 조직 구성원들이 혜택을 얻을 것이다.

# 4

# 노장으로부터
# 지혜를 구하라!

전통세대                    1945년 이전

**전통세대가 기억하는 주요 사건들**

1929년 주식시장 붕괴 ★ 1929년 미국 대공황 발발 ★ 1932년 FDR 대통령 선출

1933년 루즈벨트 뉴딜정책 실시 ★ 1935년 더스트 볼 ★ 1939년 혜틀러 폴란드 침공

1941년 진주만 공격 ★ 1945년 프랭클린 루스벨트 사망

1945년 히로시마 핵폭탄 투하, 제2차 세계대전 종결 ★ 1950년 한국전쟁 발발

1954년 매카시 청문회 시작 ★ 1955년 아마비 백신 최초 개발

**전통세대의 성향**

지독히 독립적인 세대 ★ 몸에 밴 검약의 삶 ★ 신, 나라, 직장에 대한 신뢰

# 1 전 통 세 대 파 악 하 기

## ▪▪ 가장 위대한 세대

제1차 세계 대전이 끝남과 동시에 전통세대가 태어나기 시작했다. 1918년에서 1945년 사이에 태어난 전통세대는 '포효하는 20세기<sup>Roaring</sup> Twenties'에 유년기를 보내다가 대 공황기에 성년이 되어 제2차 세계대전의 중심에서 20대를 보냈다. 전통세대는 베이비부머 세대를 낳았으며, 제2 차 세계대전 이후의 번영을 책임졌다. 미국의 경우 전통세대는 5,200만 명에 달한다. 고령인데다 대부분 퇴직했기 때문에 전통세대는 근로자들 중 가장 적은 비율을 차지한다. 그럼에도 월마트 그리터<sup>greeter</sup>(푸른색 재킷 을 입고 매장을 찾는 손님들에게 인사를 건네는 사람들)로 16만 4,000명이 활동하 는 것에서 볼 수 있듯이 전통세대는 사회에서 나름의 역할을 하고 있 다. 대기업의 총수에서 경비원에 이르기까지 전통세대는 그들의 재능과 노동력을 계속해서 제공하고 있다. 우리 회사 회계담당자도 70대 중반의 노인이다. 그녀는 시간제로 일하면서 퇴직소득을 보충하고 있는데, 업무능력이 대단하다. 매사에 빈틈이 없는 그녀는 늘 웃음을 잃지 않고 전날 밤에 과음을 해도 절대로 지각하거나 결근하는 법이 없다. 전통세대는 자원봉사도 많이 한다. 예컨대 AARP(미국퇴직자협회)는 해마다 250만 명의 소득세신고를 처리하는 일에 은퇴한 회계사들과 사업가들의 손을 빌린다. 병원에서도 접수대 일부터 환자를 운송하는 일까지 퇴직한 전통세대 자원봉사자들의 손이 미치지 않는 곳이 없다. 그래서 전통세대는 대부분 은퇴해서 정규직 종사자가 별로 없음에도 그 존재감을 여전히 과시한다.

교사라는 직업을 천직으로 삼았던 어머니의 경우, 1985년에 교직에서 물러나시자마자 학교에서 자원봉사를 시작하셨다. 그로부터 18년 동안 매일 아침 책을 못 읽는 아이들에게 개인교습을 해주셨다. 돌아가시기 전 3년 동안은 요양원에서 생활하셨는데, 1주일에 세 차례 요양원 직원이 어머니를 학교에 데려다 주었다. 어머니는 지팡이에 의지한 채 뒤뚱뒤뚱 교실로 들어가시곤 하셨다. 그러다가 어머니는 여든넷에 자원봉사에서도 '은퇴' 하셨다. 그로부터 한 달 반이 지나서 어머니는 세상을 떠나셨다. 또 그로부터 얼마 지나지 않아 해당 교육청에서 어머니에게 자원봉사상을 수여하고 어머니를 기리는 특별한 모임을 열었다. 어머니는 마지막까지도 매우 훌륭한 교사이셨다.

### 대공황이라는 사회적 지표

'포효하는 20세기'에 주식시장이 급속이 성장했고, 투기가 주가를 전례 없이 치솟게 했다. 성장이 멈추지 않으리라 생각해서 사람들은 빚을 내면서까지 주식에 투자했다. 그러나 1929년, 주식거품이 만들어지면서 미국은 대공황에 빠져들었다. 1932년까지 주가는 무려 80%나 폭락했고, 은행 다섯 곳 중 한 곳이 파산했다. 900만 명이 평생 모은 저축을 날려버렸다. 실업률은 25%까지 치솟아 1,500만 명이 직장에서 쫓겨났다. 그뿐만이 아니다. 소득 수준이 낮아져 소비가 줄고 이어서 세금 납부율이 현저하게 감소했다. 또 건설경기가 둔화되었고, 생필품 가격이 폭락하면서 농부들이 고통을 겪었다. 아이들이 친척 집에 보내지는 경우도 흔했다.

일자리를 구하는 남자들은 끝없는 실업난에 짓눌렸다. 많은 가족들이 일자리를 찾아 고향을 떠나거나 국경을 넘었다. 힘든 시기는 가족의 구조를 바꿔놓았다. 일반적으로는 남자들이 가족의 생계를 책임졌지만, 아내들이 남편과 함께 일자리를 구하러 다니기 시작했다. 이에 따라 남자들보다 일자리를 쉽게 구하는 여자들이 늘어났고, 여자들이 가족의 생계를 책임지는 것이 흔한 모습이었다. 남편들이라고 해서 모두 이 새로운 패러다임에 긍정적으로 반응하지는 않았다. 100만 명이 넘는 남자들이 자신의 아내와 가족을 버렸다. 허브트 후버<sup>Herbert</sup>

Hoover 대통령은 이런 혼란으로 비난을 면치 못했는데, 사람들은 대통령의 이름을 따서 전국 곳곳에 생겨난 실업자 수용 판자촌을 후버빌 Hoovervilles, 이불을 대신하는 신문지를 후버 담요 Hoover Blanket, 털털 털은 주머니를 후버 깃발 Hoover Flag, 마차를 후버 마차 Hoover Wagon 라고 불렀다. 모든 사람이 거친 삶을 살지는 않았겠지만, 모두 대공황의 영향을 받았다.

## 지독히 독립적인 세대

전통세대의 상당수는 그들의 부모가 자신들을 보살필 형편과 여력이 안된 탓에 친척 집에 손을 내밀거나 아예 몸을 맡겨야 했던 기억을 가지고 있다. 그래서 전통세대는 좀처럼 남에게 손을 내밀거나 폐를 끼치지 않으려는 성향을 강하다. 아직도 직장생활을 하는 전통세대는 조직에서 자신들의 역할을 기꺼이 수용하고 좀처럼 불만을 드러내지 않는다. 오죽하면 1951년에 〈타임 Time〉이 숙명론적 태도와 회피하는 본성을 보이는 전통세대를 가리켜 '침묵의 세대 Silent Generation' 라고 하지 않았겠는가.

### 전통세대에 대한 기억

우리 외할머니도 전통세대에 속하신다. 현재 80대 중반을 바라보고 계신 할머니는 다리 쌓기 놀이를 하거나 손님들과 수다를 떠시거나 자원봉사를 하면서 시간을 보내신다. 그런데 몇 주 동안 어딘가 불편한 듯 보였으나 할머니는 괜찮다는 말씀만 하셨다. 그러다 얼마 전에 할머니를 병원에 모시고 갔다. 내가 X세대여서 그런

지 나는 할머니를 믿었고, 할머니를 혼자 내버려 두어야 한다고 생각했다. 그래도 나는 베이비부머인 어머니의 현명함을 따라가지 못했다. 어머니는 할머니가 원하시든 원치 않으시든 할머니를 병원에 꼭 모시고 가야 한다고 생각하셨고 어머니는 나에게 할머니를 병원에 모시고 가 진찰을 잘 받도록 옆에서 잘 챙기라고 부탁하셨다. 의사가 할머니께 어디가 불편한지 물었을 때, 할머니는 곧바로 "아무렇지도 않아요"라고 답하셨다. 할머니의 대답에 나는 깜짝 놀랐다. 할머니는 눈만 검사하면 된다고 말씀하셨다(할머니의 시력은 무척 좋았다).

진찰을 마치고 왜 증상을 말씀하시지 않았는지 할머니께 여쭤 보았다. 의사가 바쁜 사람이라 귀찮게 하고 싶지 않았고 의사의 처방이 어떻든 집에서 치료하면 그만이라고 할머니는 말씀하셨다. 이대로 집에 돌아가면 어머니가 화를 내실 게 분명했기에 재빨리 할머니를 진찰실로 다시 모시고 들어가서 할머니가 불편한 곳이 따로 있다고 의사에게 말했다.

루이스 디켄스

**▪▪ 전통세대의 성향 2**　　　　　　몸에 밴 검약의 삶

### 낭비하지 않으면 부족할 게 없다

전통세대 사람들은 대공황기에 빈곤에 허덕이면서 검약의

가치를 배웠다. 가진 게 없다 해도 티끌 모아 태산이라는 것을 말이다. 가정에서는 대개 감자, 파스타 콩을 주식으로 먹었고, 무엇이든 쓸모 있게 활용했으며, 아무것도 버리지 않았다. 뿐만 아니라 돼지기름으로 비누를 만들어 썼고, 너나 할것없이 에너지 절약에 앞장섰다. '낭비하지 않으면 부족할 것이 없다'는 인식은 제2차 세계대전 중에 더욱 확산되었다. 정부에서 기름과 음식을 배급하는 한편, 소비자들에게 통조림통을 재활용하고 금속과 고무를 재생할 것을 장려했다. 이런 자원들은 무기와 보급품으로 재생 및 재활용되어 군대에 보급되었다.

## 몸에 밴 검약의 삶

우리 회사의 한 고객이 주말에 어머니가 다녀가신 이후 냉장고에 작은 알루미늄 호일이 가득하다고 말했다. 고객의 어머니가 음식을 발견하는 족족 호일로 싸서 냉장고에 보관해놓으신 것이다. 그 야기기를 들으니 갑자기 절약이 몸에 밴 어머니가 떠올랐다. 어머니는 청바지를 수선하고 양말을 깁고 우유 통에 음식을 담아 보관하는가 하면 식료품점에서 물건을 넣어준 갈색 봉투를 모아서 소포를 싸는 데 활용했다. 요즘은 멋을 부리기 위해 청바지를 일부러 찢거나 깁는 경우가 많다. 그리고 양말을 기워서 신는 사람은 거의 없다. 버리고 새로 사는 게 한결 편하기 때문이다. 그래서 다른 품목들 못지않게 재활용통에 우유상자가 넘쳐나고, 가까운 페덱스 킨코스에 커다란 갈색 소포종이 두루마리가 자리 한 곳을 차지한 모습을 흔히 볼 수 있다. 검약은 모든 사람에게 틀림없이 혜택으로 돌아온다. 전통세대 직원들을 관리하고 있다면, 사업비용을 어떻게 줄일지 그들에게 조언을 구해보라. 그들은 비용을 절약할 수 있는 주옥같은 아이디어를 제공할 뿐만 아니라 중요 시하는 가치를 인정받는 데 대하여 감사해할 것이다.

## ▪▪ 전통세대의 성향 3          신, 나라, 직장에 대한 신뢰

### 제2차 세계대전

일본을 향한 미국의 전쟁선포로 대공황이 막을 내렸다. 남녀 합하여 대략 1,600만 명이 군대에 입대했고, 수백만 명이 군수품 공장에서 일을 시작했다. 당시가 좋은 시절이었다는 말이 아니다. 그때는 모든 것이 부족했다. 음식, 옷, 신발, 타이어, 나일론, 연료 등이 모두 철저한 배급제에 따라 배급되었다. 누구나 희생을 감수했지만 그런 희생은 전장에서 사투하는 군인들의 희생에 비할 것이 못 되었다. 타국에서 전투한 군인들과 자국에서 일한 사람들의 고생이 합해져서 미국은 일본, 이탈리아, 독일의 3국 동맹을 상대로 승리를 거두었다. 그에 따라 민주주의의 기틀이 마련되지 않았나 생각한다. 미국이 전쟁에서 승리함으로써 세계 민주주의의 기틀을 마련한 것이라면, 군대와 민간인들의 손발이 아주 잘 맞았다고 할 수 있을 것이다.

## 신, 나라, 직장에 대한 신뢰

전후, 미국 정부는 전통세대에게 제대군인원호법 <sup>GI Bill</sup>(제2차 세계대전 참전 군인들이 교육과 경제적인 지원을 받았다. 주택건설이나 베이비부머 같은 전후 현상을 일으키는 데 영향을 주었다)으로 보답했다. 이에 따라 대기업이 전통세대에게 평생 일자리를 제공했고, 전통세대는 자신들이 속한 기업에 신의를 다하면서 보답했다. 전통세대와 함께 일하고 있다면, 그들의 애사심이 어느 정도인지 느낄 것이다. 앞에서도 잠시 소개했지만, P&G에서 일하신 우리 아버지처럼 전통세대는 자신들을 존중하고 공정하게 대하는 상대에게 지지를 아끼지 않는 성향을 갖고 있다. 지금껏 살아오면서 전통세대들이 사실을 왜곡하거나 남을 속이는 경우를 별로 보지 못했다. 〈Employer-Employee.com〉에 따르면, 전통세대는 결근률과 이직률이 낮고, 젊은 직원들에 비해 일하면서 다치는 일이 별로 없다고 한다. 전통세대는 경륜이 높고 직업윤리가 투철할 뿐 아니라 자신들의 일에 상당히 만족한다.

### 제대군인원호법GI Bill

미 재향군인회의 촉구로 1944년에 의회에서 제대군인원호법 <sup>Servicemen's</sup> <sup>Readjustment Act of 1944</sup>('government issue'의 앞 글자를 따서 'GI Bill'이라고 한다)이 통과되었다. 이 법안은 참전 군인들이 제대해서 실업 보험의 형태로 즉시 재정적 지원을 받도록 하는 것이 목적이었다. 더 중요하게는, 직업훈련에서부터 대학 교육에 이르기까지 다양한 교육의 기회가 제공되었고 주택 구입과 사업을 위한 자금 대출이 활발해졌다. 제대군인원호법이 발효되면서, 대학에 진학하고 주택을 소유하며 사업을 시작하는 일들이 한꺼번에 가능해졌다. 처음 있는 일이었다. 이 획기적 법안은 법안의 혜택을 본 전통세대뿐만 아니라 베이비부머 세대를 보여주는 주요 지표로 기능했다. 참고로 제대군인원호법의 혜택을 받은 전통세대는 자녀들(베이비부머 세대)도 자신들처럼 대학에 가기를 바랐다.

## ▪▪ 전통세대를 고용하는 현명한 기업들

전통세대는 불황을 겪으면서도 먹고 살기 위해 직장에서 생존한 사람들이다. 이런 인적 자원을 창의적으로 활용하여 성공을 거둔 여러 기업들을 살펴보자.

- 홈 데포Home Depot는 어떤 기업들보다 은퇴 후 뒷방에 머물러 있던 전통세대들을 많이 고용했다. '열정은 결코 은퇴하지 않는다' 라는 구호 아래, 홈 데포는 배관, 바닥시공, 전기, 주방 및 욕실 시공에 정통한 퇴직 기술자들을 공격적으로 고용했다.
- 보더스Borders Bookstores는 도서할인과 독서토론 그룹 가입의 혜택을 주면서 퇴직 교사들을 영업직에 배치했다.
- 애완동물과 함께 하는 즐거움을 선전하는 PETCO는 〈seniors-4hire.org〉 사이트에서 고령자를 구하는 광고를 낸다.
- 스미소니언 박물관은 워싱턴 D.C에서 고령자들에게 이른바 '완

벽한 직업 선택'을 제의한다. 여행객들과 시민들이 역사를 즐기
도록 돕는 평온하고 만족스런 직업이다.


## ▪▪ 전통세대는 이렇다!

일하고 싶어 하는 고령자들은 많다. 그들은 젊은이들과 비교해서 낮은
결근율과 이직률, 높은 품질관리, 좋은 의사소통 기술, 투철한 직업윤
리, 학습욕구, 좋은 대인관계, 신뢰성 등 많은 장점을 가지고 조직에
기여할 수 있다. 더 이상 무엇이 필요한가!

## 2

## 효 과 적 인 **전 통 세 대** 관 리 법

## ▪▪ 노익장을 인정해주라

65세에 퇴직하신 아버지는 퇴직 후 1년 동안 병치레로 고생을 하셨다. 세 달은 독감을 달고 사셨는데, 입 안이 헐어 식사도 제대로 못 하시고 불면증과 우울증에 시달리시면서 기력이 눈에 띄게 약해지셨다. 그렇게 1년을 보내시고 나니 몰골이 말이 아니었다. 아버지는 사는 게 사는 게 아니라고 생각하셨다. 아버지는 의사의 권유에 따라 여러 가지 항우울 치료를 받았지만, 증상은 더욱 심해졌다. 그러다가 아버지는 친구 분에게 떠밀려 다른 정신과 의사를 찾아가셨다. 의사는 상담한 지 얼마 지나지 않아서 소견을 내놓았다.

"어르신, 의외로 간단히 해결할 수 있어요. 어르신께서는 집에 계시면서 <u>스스로를</u> 몰아붙이고 있습니다. 몸속의 병을 말끔히 고칠 수 있는 방법이 있습니다. 일을 하세요!"

그로부터 2주 후, 아버지는 시간제로 세 가지 일을 시작하셨다. 아침에는 소비재 회사에서 영업사원으로, 오후에는 통계국에서 사무보조원으로, 주말에는 번화가에 자리한 주류 판매점에서 점원으로 일하셨다. 가게를 자주 찾는 애주가들, 그리고 젊은 사람들과 담소를 나눌 수 있어서 주류 판매점 일이 가장 즐겁고, 사회생활을 하면서 그렇게 재미있는 사람들을 처음 봤다고 아버지는 말씀하셨다. 세 가지 일을 시작한 지 6개월 후, 아버지는 통계국 일을 그만 두시고 나머지 두 가지 일은 세상을 떠나시기 전까지 19년 동안 계속 하셨다. 아버지의 장례식에 참석한 주류 판매점 사장은 아버지가 몹시 그리울 거라고 말했다. 아버지는 신뢰, 정직, 열정이 몸에 밴 분이셨다. 무엇보다 아버지가 손님들을 챙기는 만큼 손님들이 아버지를 무척 좋아했다고 한다. 내 아버지의 이야기지만 이를 통해 나이가 지긋한 분들이라 해도 사회에서 충분히 쓸모 있는 존재가 될 수 있다는 사실을 알 수 있다. 우리 사회에는 은퇴한 이후에도 여전히 노익장을 과시하는 전통세대 사람들이 많다. 2008년에는 미국 대통령선거에 출마한 사람도 있다. 전통세대를 관리하면서 목표로 삼아야 할 세 가지를 소개한다.

## ▪▪ 전통세대 관리 비결

### 1. 선입견을 버리고 과감히 채용하라

전통세대를 적극적으로 채용해볼 것을 권한다. 아마 실보다 득이 더 많을 것이다. 전통세대를 채용하다 보면 훌륭한 인력들을 많이 얻게 된다. 그래서 조직에서 큰 계층이 형성될 정도로 전통세대를 많이 고용하라고 권하고 싶다. 그러나 현실은 그렇지 않다. 미국의 기업들 중 고령자를 채용할 계획을 가진 기업은 20%도 채 안 된다. 나이 많은 직원들을 계속 유지할 계획을 가진 기업들도 30%가 안 된다. 생체시계로만 사람을 판단하기 때문이다. 좀 달리 생각해보자. 잠재력이 대단한 전통세대의 마음을 사로잡고자 한다면, 급속히 확장 중인 은퇴산업과 실버산업에서 힌트를 얻기 바란다. 가령 노인들이 골프장을 거닐고, 손자들과 함께 수영을 하고, 파라솔에 앉아 칵테일을 마시는 모습처럼 오늘날 흔히 보이는 노인주택지구의 광고에서는 노인들이 여가를 즐기는 모습이 화려하게 묘사된다. 40살도 안 된 한 지인은 노인주택이 아주 멋져서 나이 요건이 없으면 당장에 그곳으로 이사를 가고 싶다고 했다. 여기서 마케팅을 무시하면 안 되는 이유가 분명해진다.

고령의 직원들을 고용할 때도 마찬가지다. 회사 홈페이지를 꾸미고 직무에 대해 충실히 설명하여 고령자들이 일하고 싶은 직장이라는 이미지를 확산해야 한다. '퇴직자들이여, 집에 돌아온 것을 환영합니다' 라든가 '우리는 나이에 상관없이 모든 직원들을 소중히 합니다' 같은 슬로건이나 문구도 사용한다. 하나 더, 전통세대 직원들을 비롯해 모든 연령대의 직원들이 즐겁게 일하고 서로 교류하며 회사에 의미 있게 기여하는 모습이 담긴 사진이나 이미지를 홈페이지에 올려놓는다. 바바라 매킨토시 Babara McIntosh 박사는 저서 《An Employer's Guide to Older Worker: How to Win Them Back and Convince Them to Stay고령 직원 관리법》에서 '나이 많은', '고령자' 같은 말처럼 고령 직원들이 불편하게 느낄 만한 표현을 피하고 '경험 많은', '성숙한', '믿을 수 있는' 등의 말처럼 마음을 끄는 표현을 사용하라고 말한다.

나이를 가지고 차별할 수도 없고, 차별해서도 안 된다는 점을 반드시 기억하자. 나이를 불문하고 동등한 기회를 제공해야 한다. 영국의 보험회사 도메스틱 앤 제너럴 Domestic & General Group 은 취업설명회에서 고령의 직원들이 일자리를 구하는 전통세대 퇴직자들과 면담하게 하고 있다. 또 유에스 포스탈 서비스 U.S. Postal Service 는 고령자 대상의 웹사이트에 취업광고를 내어 집배원과 우편물 분류직원으로 활동할 퇴직자들을 채용한다. 조지아 주 아틀란타에 위치한 서던 메탈 루핑 Southern Metal Roofing 은 홈페이지 채용광고를 통해 전단지를 배포하는 인력을 모집한다. 이 일의 장점이라면 애완견을 데리고 다닐 수 있다는 점이다. 그래서 이 회사에 입사한 고령자들은 업무를 하는 동시에 매일 애완견을 산책시키면서 자신도 운동하는 효과를 본다.

센서 시스템을 많이 만드는 독일계 기업 SICK AG는 회사의 대내외 행사에 퇴직자들을 초대하여 직원들과 교류하게 한다. 캘리포니아 대학은 홈페이지에 채용공고를 내서 지원금 신청서 작성, 예산업무, 전략기획, 조직개발 등의 일을 담당할 시간제 직원을 채용한다. 아직 노장은 죽지 않았다!

## 2. 지혜를 구하고 멘토 역할을 맡겨라

우리와 거래하는 한 회사는 시간제 사무직에 퇴직자들을 고용한다. 어느 날 그 회사를 방문했을 때 낯익은 광경을 목격했다. 70대 중반은 되어 보이는 한 노부인이 컴퓨터와 씨름하는 모습이 눈에 들어 왔다. 그녀는 전산팀에 연락을 했고, 곧 20대 초반으로 보이는 젊은 남자 직원이 나타났다. 두 사람의 복장과 태도는 확연히 달랐다. 노부인은 백발이 듬성한 파마머리에 정장을 했고, 젊은 직원은 긴 반바지에 사각 팬티를 드러낸 복장 차림이었다. 그리고 목에는 칡넝쿨 같은 문신이 목선을 따라 길게 새겨져 있었다. 남자 직원이 그녀에가 다가가 물었다. "컴퓨터가 이상한가요?" 그녀는 잠시 당혹스러워하더니 문제를 얘기했다. 그러나 남자 직원은 컴퓨터를 손봐주고 나서 나중에 같은 증상이 나타났을 때 해결하는 방법을 노부인에게 알려주었다. 그녀가 문제없다고 말하자 남자 직원이 "좋습니다! 이제 가볼게요." 하고 자리에서 일어났다.

자리를 떠나는 그를 그녀가 다시 불렀다. "젊은이, 내 이름은 베티예요. 이름이 뭔가요?"

"팀입니다." 그가 답했다.

다시 그녀가 말했다. "만나서 반갑군요. 팀, 도와줘서 고마워요. 컴퓨터를 정말 훌륭하게 고쳤네요. 다음부터는 자기소개부터 먼저 하면 어떨까요? 우리 같은 늙은이들은 그런 것을 좋아한답니다." 그러고 나서 그녀는 젊은이를 향해 윙크를 했다. 남자 직원은 다소 당황하는 듯했지만, 이내 웃음을 지으며 말했다. "예, 알겠어요. 베티."

아주 짧은 시간에 한 세대가 다른 세대에게 예의와 예절에 관한 귀중한 교훈을 전달했다. 이런 측면에서 나이 많은 분들의 경험과 지혜를 활용하는 방법을 제도화한 기업들도 있다.

- 시카고에 기반을 둔 사회복지기관 CNH<sup>Centers for New Horizons</sup>는 시카고에서 '일하기 가장 좋고 유망한 101개 회사'에 속한다. 이 회사는 전통세대 직원들에게 교육 강사와 멘토의 역할을 맡겨 젊은 직원들을 교육시킬 뿐 아니라, 자문위원회 위원 자격을 주어서 그들의 폭넓은 경험이 의사결정에 도움이 되도록 하고 있다.
- 덴마크 호센에 위치한 호센 코뮨<sup>Horsens Kommune</sup>은 '행복한 사회생활<sup>The Good Working Life</sup>'이라는 프로그램을 마련하여 퇴직 교사들이 퇴직하지 않도록 장려한다. 즉, 이 프로그램은 퇴직을 앞둔 교사들과 신임교사들을 짝지어주는 방식으로 젊은 교사들이 경험을 쌓고, 다양한 세대 사람들의 수업방식을 적용하는 기회로 이어진다.

## 3. 새로운 기술을 가르쳐라

전통세대는 기술의 진보에 발맞추지 못한다는 것이 일반적인 통념이다. 말도 안 되는 소리다! 전통세대는 변화에 저항하는 경향을 보일지 모르지만, 무엇이든 한번 빠져들면 빨리 배울 수 있다. 실례로 요즈음 전통세대 사람들 사이에서 인터넷 열풍이 불고 있다. 1년 만에 전통세대의 인터넷 이용률이 25%나 증가했다는 통계도 있다. 전통세대가 젊은이들에 비해 정보 흡수가 느리다는 건 어느 정도 사실이지만, 어떤 동기를 자극받을 때에는 젊은이들보다 뛰어난 학습 태도를 보인다. 사례를 하나 소개한다.

항공우주 분야에서 기술편집자 및 프로젝트 매니저로 활동한 로라는 퇴직해서 지금 세계여행을 하고 있다. 그녀는 1951년에 고등학교를 졸업한 후 곧바로 휴스 에어크래프트 Hughes Aircraft Company에서 사무직원으로 사회생활을 시작했다. 당시 동년배 여성들과 다를 바 없이 그녀는 대학에 가지 않았지만, 고등학교에 다니는 내내 1등을 놓치지 않을 만큼 대학에 가고도 남을 실력을 갖추었다. 그녀는 총명하고 통찰력이 뛰어나며 공동체 생활에 능숙했다. 뿐만 아니라 손이 보이지 않을 정도로 타자를 잘 쳤다. 직장생활을 시작한 지 얼마 되지 않아 그녀는 결혼했다. 그런데 그런 상황에서 다른 여성들과 달리 로라는 일을 그만두고, 탁월한 실력과 열정을 발판 삼아 기술 편집자로서 새 삶을 시작했다. 하지만 대학을 나오지 않은 탓에 경력을 쌓는 데 한계가 있었다. 그래서 몇 년 간 야간대학에서 철학을 전공했다. 철학에 흥미를 느껴서이기도 했지만, 기술자의 직업윤리를 철학에서 찾았기 때문이다. 물론 승진을 막는 장벽을 넘어서야 했다. 1950년대의 남성 중심 환경에서 승진하는 일이 '비서'나 '타자수'로 비치는 사무직원의 이미지에서 벗어나는 것임을 로라는 재빨리 깨달았다. 승진한 그녀는 다른 직원에게 타자 치는 일을 시킬 수 있는 위치에 오르자마자 절대로 자판에 손대지 않으리라 맹세했다. 모든 직원에게 컴퓨터가 보급되어 타자 치는 인력이 사라진 1980년대까지 40년 넘게 그녀는 자신의 맹세를 지켰고 명예롭게 회사에서 퇴직했다. 퇴직 후에도 굳이 컴퓨터를 배울 생각이 없었다. 그러나 로라는 컴퓨터를 배워야 한다고 설득하는 가족과 친구들의 얘기에 자신의 맹세가 흔들렸다. 적적한 날들을 보낼 바에야 컴퓨터를 통해 세상을 구경하고 이메일을 쓰는 것이 세상과 소통하는 유일한 길이라는 생각이 들었다. 결국 로라는 컴퓨터를 들이고 말았다. 6

개월이 지난 지금, 로라는 매일 웹서핑을 하고 페이스북에 사진을 올리는가 하면 가족 및 친구들과 이메일로 연락을 주고받는다. 그리고 경매 사이트에서는 물건도 사고판다.

고령자들도 새로운 기술을 충분히 배울 수 있다. 많은 기업들이 젊은 직원들과의 역 멘토링 제도를 마련하여 전통세대 직원들이 기술의 발전에 뒤지지 않도록 돕는다. 다시 말해 이런 제도를 통해 Y세대와 링스터 세대 직원들이 전통세대 직원들에게 인터넷과 스마트폰 사용법 등을 가르치면서 신기술을 배우도록 하고 있다. 반대로 전통세대 직원들은 젊은 직원들에게 예절, 조직의 정치, 원만한 대인관계 기술 등을 전수한다. 이 과정에서 전례 없는 방식으로 세대간 결속이 다져진다.

오랜 만에 찾은 고향이 너무 변해 놀란 적이 있는가? 직장에서 일어나는 변화에 비하면 아무것도 아니다. 일반 직장인들은 1년 전이나 지금이나 회사에 달라진 것이 없다고 느낄지 모르지만, 잠시 직장을 떠난 사람들은 사소한 변화에도 주눅이 들 수 있다. 전통세대 사람들이 재취업 강좌를 통해 다시 직장에 들어왔다면, 그들을 배려하는 문화도 필요할 것이다. 그래야 전통세대들은 재취업한 직장에서 빨리 적응하게 된다.

## 4. 공로를 인정하고 축하하라

회사의 재정 상황 때문에 전통세대 직원들의 급여 인상이 불가능하다면 회사 경영자가 그들을 얼마나 존중하고 소중히 생각하는지 느낄 수 있도록 특별한 보상을 하는 것이 좋다. 가령, 회사 업무에 헌신한 전통 세대 직원에게 회장이 공로장을 수여한다면 어떨까? 상을 받은 사람은 그 장면을 사진으로 찍어서 자신의 집 입구 잘 보이는 곳에 걸어둘 것이 분명하다. 또는 회사의 내부 뉴스레터에 공로를 인정하는 기사를 싣는 것도 좋은 방법이다. 전통세대 직원의 공로를 인정하는 의미로서 이름과 근속 년수가 찍힌 감사패를 수여하는 것도 효과가 크다. 비록 나이가 많긴 해도 자신이 조직에 기여하고 있음을 느낀다면 굉장한 자부심이 될 것이다. 어떤 은행은 업무능력이 높은 수준에 으른 전통세대 직원들에게 상을 준다. 매달 수상식이 열리는데, 수상자들에게 그리 비싸지 않은 기념품을 주고 식사를 제공한다. 그들은 값비싼 무언가를 바라는 게 결코 아니다. 자신이 아직 가치 있는 존재라는 자부심이 그들을 춤추게 하는 것이다.

## 5. 일대일로 지원하라

배우려는 동기를 자극받았다 해도 전통세대는 새로운 역량, 특히 기술에 관한 역량을 쌓는 데 어느 정도 지원을 필요로 한다. 몇 년 전 보험 설계사로 퇴직한 찰리Charlie가 우리 회사에 들어와서 교육 부문의 마케팅 업무를 맡았다. 이에 찰리의 고용을 적극 추천했던 우리 회사의 마케팅 담당자 제인Jane이 찰리를 우리 회사의 조직체계에 적응하게 하기 위한 교육 일정을 잡았다. 회사의 경영자로서, 나는 찰리의 교육에 참관하는 것이 좋은 선례가 될 거라 생각했다.

제인은 속히 고객 관리 소프트웨어에 대해 찰리에게 하나하나 설명하면서 통화목록을 검색하고 고객과 접촉하는 다양한 방법을 알려주었다. 제인은 말이 빨랐지만 짧은 시간에 많은 것을 전달했다. 그러면서도 교육 중간 중간에 찰리에게 질문이 있는지 물었고, 매번 찰리는 질문이 없다는 의미로 고개를 흔들었다. 그러나 찰리의 표정에서 혼란과 불안이 느껴졌다.

　제인이 교육을 마치자 찰리는 더 이상 안 되겠다고 말했다. 다음 날 아침에 찰리는 개인 사정을 핑계로 회사를 그만두었다. 우리는 교육이 원인이었음을 알아챘다. 찰리는 압박감을 느끼는 동시에 그로 인해 더 이상 자괴감을 느끼고 싶지 않았던 것이다. 도움을 구하면 체면을 구긴다는 생각에 찰리는 일을 포기한 것이다. 이 일로 나는 훌륭한 교훈을 하나 얻었다. 고령의 직원들에게 새로운 시스템이나 기술을 교육할 때, 그들이 그런 분야에 익숙하지 않고 선뜻 도움을 구하지 않는다는 사실을 전제로 천천히, 단계적으로 교육을 진행해야 한다는 점이다. 가능하다면, 이런 교육은 일대일로 하기를 바란다. 사람들 앞에서 창피를 당하지 않으려고 무척 애쓰는 사람들이 많기 때문이다. 이는 X세대, Y세대, 링스터 세대, 전통세대에게 모두 해당하는 얘기다.


## ▪▪ 결론

전통세대가 살만큼 산 사람들이라고 생각할지 모르겠지만, 그런 섣부른 판단은 회사에 악영향을 미칠 뿐이다. 전통세대가 컴퓨터를 포함해 자신에게 주어진 업무에서 필요하다면 무엇이든 배울 수 있다는 것이 여러 조사에서 드러났다. 전통세대는 나이가 들수록 사회성이 더욱 강해지는 경향이 있다. 그들은 사람들에게 신뢰를 주고 열심히 일한다. 그들이 평생 쌓아온 연륜과 경험을 절대로 무시해선 안 된다.

고령의 직원들이 원하는 바를 이해해야 소중한 인적 자원인 그들을 잘 활용할 수 있다. 젊은 직원들의 멘토 역할을 맡기거나 일대일 교육을 통해 고령의 직원들을 보유할 수 있다. 그들의 역량에 알맞은 직무를 맡기고, 그들의 성과에 대해 인정하고 감사를 표시해야 한다.

# 5

## 미래를 이끌어갈
## 희망이다!

링스터 세대                    1993년 이후

**링스터 세대가 기억하는 주요 사건들**

2000년 리얼리티 쇼 〈생존자Survivor〉 첫 방송

2001년 뉴욕에서 운전 중 휴대전화 사용금지법 시작

2001년 네덜란드에서 최초로 동성결혼 인정 ＊ 2004년 자넷 잭슨 슈퍼볼 개각식에서 가슴 노출

2007년 워싱턴에서 운전 중 휴대폰 문자송신 금지법 시작 ＊ 2008년 글로벌 금융위기

2009년 최초의 흑인 대통령 버락 오바마 선출

2009년 US에어웨이 1549편 허드슨 강 비상착륙 ＊ 2009년 돼지 인플루엔자 발생

2009년 마이클 잭슨 사망 ＊ 2010년 본격적인 소셜 네트워크 서비스의 등장

**링스터 세대의 성향**

친구 같은 부모를 두다 ★ 컴퓨터는 곧 일상이다 ★ 대면접촉 부족 현상

환경에 대한 관심이 높다

## ▪▪ 미래의 주역들

말하자면 지금까지 기술을 통해 서로 그리고 세계와 연결된 세대가 없었다. 바로 이와 같은 점에서 링스터 세대<sup>Generation Linkster</sup>의 출현은 주목할 만하다. 1993년 이후에 태어난 링스터 세대는 현재 10대를 보내고 있으며, 막 성인이 된 사람들까지도 포함된다. 미국의 경우 킹스터 세대 숫자는 2,000만 명 정도라고 예상되고, 전 세계 인구 가운데의 비율은 약 18%를 차지한다. 이 책을 쓰는 지금도 링스터 세대는 방과 후, 또는 여름방학 기간에 아르바이트를 하면서 사회에 막 발을 들여놓기 시작했다. 링스터 세대는 대부분 O.J 심슨 사건, 치열했던 2000년 대통령 선거, 닷컴 붕괴, 9·11 테러 등에 대해 그다지 실감하지 못한다. 그들이 태어난 지 얼마 지나지 않아서 '테러리즘'이나 '구글' 같은 단어가 생겨났다. 링스터 세대는 친절하게 목적지와 방향을 알려주는 GPS 아가씨를 우상으로 삼고 이를 경찰관 못지않게 신뢰한다. 그러나 사실 링스터 세대 대부분은 X세대인 자신들의 부모를 가장 신뢰한다.

　베이비부머 부모들의 경우 자녀인 Y세대들이 강한 자존감을 가지고 이름난 학교에 들어가기를 원했고, 사회적으로 성공할 수 있는 유리한 조건을 갖추기 바랐다. 그러나 링스터 세대 자녀를 둔 X세대 부모들 조금 달랐다. X세대 부모들 또한 자녀들이 자존감을 갖추기를 바라기는 했지만, 베이비부머 세대들이 보여주었던 지나친 교육열을 따르고 싶지 않았다. 1장에서 소개했듯이 베이비부머들은 30대 중반이 되어서야 결혼해서 가정을 꾸린 사람들이다. 이들은 아이들에게 관심을 쏟고 훌륭한 부모가 되려고 발 벗고 나섰다. 그런데 실상을 내용을 살펴보면 베이비부머들(Y세대 자녀를 둔)보다 X세대(링스터 세대 자녀를 둔)에서 '살림하는 아빠'가 더 많고, 시간을 낼 수 있는 일들을 하면서 아이들을 보살피는 엄마들이 더 많다. 물론 사회적인 변화에 따라 우리의 삶 패턴이 바뀐 것일 수도 있다. 아무튼 링스터 세대들은 어릴 적부터 부모와 많은 시간을 함께 보내며, 문화적으로 많은 부분을 부모와 공유한다. 이를테면 스포츠, 음악 등의 분야가 그렇다.

### 부모의 관여

한편 Y세대의 부모들인 베이비부머 세대는 자녀들을 과잉보호한다는 비판을 자주 받았던 게 사실이다. 이와 관련해서 캐시 알렉산더 Kathie Alexander 는 '아동 중심의 양육' 이라는 칼럼을 통해 오늘날의 부모들이 지나치게 '아동 중심적' 이어서 아이들이 뭘 요구하든 부모들이 거부하지 못한다고 지적했다. 캐시는 "오냐, 내 새끼, 이게 마지막 초콜릿이야. 아침 덕기 전에는 더 이상 안 돼"라는 표현을 예로 들며 어떤 부모나 해봄 직한 행동을 아주 잘 표현했다. 캐시는 이어서 다음과 같이 말했다.

"많은 부모들이 합리적인 범위를 정해두지 않고서 아이들을 방치하고 있다는 말은 아니다. 좀 역설적으로 들리겠지만, 우리 또한 아이들이 실패를 경험하지 않게 하려고 온갖 노력을 다함으로써 결국 아이들을 과잉보호하고 있다. 그렇기는 하나 소아과 의사들은 손 소독제와 항생제의 과도한 사용을 줄이라고 하고(아이들은 일부 세균에 노출되어야 독한 세균에 저항할 수 있는 면역체계를 가질 수 있다), 아동교육 전문가들은 아이들에게 '알았어!' 라는 말을 그만 남발하라고 조언한다. 적어도 실망, 실패, 감정적 변화를 느끼고 삶의 교훈을 얻을 수 있는 상황에 우리 아이들의 육체적·정서적 '면역체계' 가 노출되어야 한다. 그래야 아이들이 자라 성인이 되었을 때, 누구나 겪을 수 있는 큰 좌절과 상심에 맞설 수 있다."

## 친구같은 부모를 두다

소아 정신과의사 마이클 브로디<sup></sup>Michale Brody 박사는 링스터 세대의 부모들
(X세대)은 자녀들을 통해 자신이 어린 시절에 경험한 상처를 치유하려
는 성향이 있다고 설명한다. 기억하겠지만, X세대들은 어떤 세대보다
부모의 이혼과 가족의 분열을 체험했다. 그리고 방과 후 집에서 혼자
생활했던 사람들('열쇠 아동')이 많다. 그런 까닭에 링스터 세대의 부모
들은 전 세대인 베이비부머들보다 합리적이고 전통적인 가족 분위기
를 만들고자 애를 쓴다.

　여기서 '전통적'이라고 하면, 가족이 둘러 앉아 함께 식사를 하고 가
족애가 돈독해지는 활동에 많은 시간을 보낸다는 의미다. '합리적'이
라는 말은 아이들이 스스로 하도록 내버려둔다는 의미다. 이런 가족관
에 따라 링스터 세대는 부모와 친밀한 관계를 유지하는 것이 가능했다.
뉴저지 주 램지에 소재한 마케팅 조사 기관 〈Youth-Trends.com〉에
따르면, 링스터 세대의 70%가 그들의 부모를 최고의 친구로 여긴다.

　링스터 세대와 X세대 부모들은 스케이트보딩이나 스노우보딩 같은
활동을 함께 즐긴다. 북미 지역의 유명한 어린이 채널 니켈로데온Nickelodeon
(6~15세 아이들을 겨냥한 프로그램을 운영)이 선정한 '2009년 아이들이 선택
한 음악상' 부문에 비욘세Beyonce의 〈싱글 레이디스Single Ladies〉가 올랐다.
권위 있는 음악잡지 〈롤링스톤즈Rolling Stone〉의 100대 명곡에 오른 음악이
다. 이처럼 링스터 세대와 그 부모들은 음악에 대한 취향도 비슷하다.

## 융통성을 제공하라

현재 링스터 세대의 상당수는 학교를 다니면서 아르바이트를 하고 있다. 링스터 세대 중 일부만 성인이기 때문에 성인이 아닌 대부분의 아이들은 아르바이트나 일과 관련된 문제에 부모들이 깊이 개입할 것으로 보인다. 일을 마칠 시간에 그들을 데리러 오는 부모들도 있을 것이다. 한편 아르바이트생이 다니는 학교의 규정도 따져봐야 한다. 또는 자원봉사 활동이나 시험공부 등 그들이 어떤 여건에 있는지 넓은 관점으로 따져봐야 한다.

호텔에 묵었다가 비행기를 타러 아침 일찍 나선 날이었다. 호텔에서 내 짐을 들어준 어린 벨보이가 자신이 고등학생이며 아르바이트를 하는 중이라고 말했다. 우리는 벨보이에게 일을 하면서 가장 좋은 점이 무엇인지 물었다. 벨보이는 학교에서 수업을 듣는 데 무리가 없도록 자유롭게 시간을 조정하게 배려해주어서 호텔 측에 감사한다고 말했다. 가령, 시험기간에 업무시간을 조정하거나 줄일 수 있었던 것이다. 벨보이는 누가 봐도 일을 완벽하게 해냈다. 예의바르고 친절하며, 스스로 일을 찾아 맡은 일을 능률 있게 처리했으니 말이다. 나이를 떠나 어느 호텔이든 그 벨보이와 같은 '고객 중심의' 직원을 원할 것이다. 관리자로서 가능성이 많은 링스터 세대 직원을 보유하는 방법은 융통성 있는 근무제도를 통해 그의 필요를 적절히 충족시켜 주는 것이다.

## 휴대폰 중독

닐슨<sup>Nielson</sup>이 실시한 조사에 따르면, 휴대폰을 사용하는 미국의 10대 중 83%가 문자메시지를 사용하고, 56%는 MMS(멀티메시징 서비스, 글자 위주의 단문 메시지에서 발전하여 사진, 소리, 동영상 등 멀티미디어 메시지를 전달할 수 있다)를 사용한다. 그리고 미국의 10대는 한 달 평균, 2,899통의 문자메시지를 주고받는다. 이에 비해 전화통화는 한 달에 평균 191통 주고받는다. 현재 어느 13세 소녀가 한 달에 무려 1만 4,528통의 문자메시지를 보낸 놀라운 기록이 있다. 이 기록에 따르면, 문자메시지를 하루 484통, 또는 1분에 평균 3통을 보내야 가능한 일이다. 소녀의 아버지에게 전달된 휴대폰 요금 청구서는 440페이지가 넘을 정도다.

얀 반 덴 뷜크<sup>Jan Van den Bulck</sup> 박사의 휴대폰 중독에 관한 연구에 따르면, 링스터 세대의 38%만이 잠자리에서 휴대폰을 만지지 않는다고 한다. 다섯 명 중 한 명꼴로 잠자리에 누워서도 문자메시지를 주고받느라 잠을 못 자는 것이다. 다른 연구결과를 봐도, 휴대폰에 중독된 10대들이 갈수록 증상이 악화되어서 잠을 제대로 못 자고 음주나 흡연 같은 중독성 강한 행위에 쉽게 빠져드는 경향이 있다. 이는 비단 미국만의 문제가 아니다. 전 세계적으로 공통적으로 나타나고 있는 현상이다. 수면의학 전문가 가비 바드레<sup>Gaby Badre</sup> 박사는 이렇게 말했다.

"휴대폰 중독은 흔한 일이 되고 있다. 어린 아이들은 24시간 내내 서로 연결되어 있어야 한다는 일종의 집단압박을 상태에 놓여 있다."

많은 링스터 세대가 휴대폰을 자신들의 능력을 연장시키는 일, 생명줄, 손에서 놓고 살 수 없는 유일한 수단이라고 생각한다. 정겨운 문자메시지 한 통에서 얻는 기쁨은 도박에서 돈을 따느끼는 흥분에 비유될 정도다. 영국의 한 신문기사에 따르면, 휴대폰 중독이 심한 두 아이가 휴대폰 요금을 내기 위해 친척들에게서 돈을 사취하다가 부모에게 발각되었고, 결국 치료기관에 보내졌다고 한다. 물론 모든 링스터 세대가 그런 지경에 이르지는 않았을 테지만, 대부분의 링스터 세대가 IT를 세상과 소통하는 방향으로 접목했다는 점은 부인할 수 없는 사실이다.

이 같은 가상의 소통이 낳은 폐해는 대면소통과 사회적 기술을 쌓을 기회가 줄었다는 점이다. 우리는 자라면서 음식을 먹을 때 소리를 크게 내어서는 안 된다고 배웠다. 그런데 링스터 세대는 식사를 하면서 문자메시지를 보내선 안 된다고 배운다. 〈컴퓨터월드 Computerworld〉가 실시한 조사에서는 빈약한 대인 커뮤니케이션이 링스터 세대의 공통된 문제점이라고 한다. 놀이공원 매니저인 어느 지인은 링스터 세대 아르바이트생들에게 손님의 눈을 바라보고 웃으며 환대하라고 교육시키는데, 심지어 손님들 앞에서 침을 뱉지 말라고 미리 얘기해둬야 한다고 말한다.

식료품 가게 계산대에서 일하는 메디슨Medison이라는 아이 애기도 들었다. 귀에 이어폰을 낀 채 고객을 맞는 것은 예의에 어긋난다고 매니저가 지적하자, 메디슨은 이해할 수 없다는 투로 이렇게 말했다.

"뭐가 문제인지 모르겠어요. 한 쪽 귀로만 음악을 듣고 있거든요. 제가 한 쪽 귀로만 음악을 듣고 있어서 대화하는 데 문제가 없다는 건 누가 봐도 알 수 있잖아요. 음악을 들어도 고객과 얘기하는 데 문제가 없다고요."

## 컴퓨터는 곧 일상이다

Y세대는 초등학교 시절에 이미 IT 기술의 사용에 능숙하고, 온라인 소셜 미디어를 주류로 바꾸어놓았다. 오늘날 전 세계의 가정에는 집 안에 인터넷이 설치되어 있고, 가정의 82%가 초고속 인터넷을 사용하는 것으로 나타났다. 보편적인 삶의 일부로 인터넷이 자리를 잡고 있는 것이다. 컴퓨터를 통해 글자와 숫자를 배운 링스터 세대 자녀가 초고속 인터넷을 통해 친구들과 채팅을 하고 인터넷 검색을 하는 모습이 당연할 수밖에 없다. 퓨 인터넷Pew Internet이 실시한 설문조사에 따르면, 링스터 세대의 50%가 매일 인터넷에 접속하여 친구들과 안부를 묻는다고 한다. 링스터 세대 대다수는 전화를 사용하는 사람들을 측은한 눈으로 쳐다볼 것이다!

이 아이들은 유아시절부터 인터넷과 휴대전화를 사용하는 모습을 접하고 직접 해보기도 했다. 10대 청소년 수백 명을 대상으로 한 비공개 조사에서 응답자 전원이 집에 컴퓨터가 있거나 개인 랩탑 컴퓨터를 가지고 있다고 답했다. 컴퓨터를 언제부터 사용했는지 물었더니, 대부분의 아이들이 '늘 컴퓨터가 옆에 있었기에 언제부터 사용했는지 기억나지 않는다'고 답했다.

링스터 세대에게 컴퓨터는 생활용품이다. 그들은 일상에서 컴퓨터로 학교 숙제를 하고 소셜 네트워킹 사이트를 방문하며, 웹서핑을 하고 친구들과 채팅을 한다. 사실 링스터 세대는 기존의 이메일도 케케묵은 수단이라고 생각한다. 휴대폰이나 PDA로 문자메시지를 주고받는 것이 한결 익숙하고, 더욱 좋아하니 말이다.

## ▪▪ 링스터 세대의 성향 3  　대면접촉 부족 현상

### 우려되는 커뮤니케이션 능력

링스터 세대의 경우 문자메시지를 보내거나 인터넷에 글을 올리는 일들이 너무나 익숙한 일상이다. 이 같은 행동이 걱정되는 부분은 상대방을 직접 만나 얼굴을 보며 반응을 살필 일이 전혀 없다 보니, 그들이 자랐을 때 커뮤니케이션 능력 부족으로 대면접촉 시 발생하는 문제를 해결할 수 있을까? 하는 의문이다. 그들에게는 말이 필요 없다. 단지 단어만 보일 뿐이다. 문자메시지와 이메일은 나의 생각을 손쉽게 전달하는 편리한 도구이지만, 대면접촉에서 간파할 수 있는 미묘한 감정의 변화와 상세한 감정전달의 효과를 절대 따라갈 수 없다. '기술을 통한 연결'이라는 핵심 지표를 두고 볼 때, 과거에 비해 아이들이 소통을 활발히 하게 되어서 다행스러운 반면, 아이들의 커뮤니케이션 능력이 떨어지고 있어서 걱정이 된다. 따라서 기업의 관리자들은 링스터 세대를 사람들과 소통해야 하는 업무에 배치할 때 그들에게 부족한 소통 능력을 극복하도록 철저하게 교육을 실시해야 한다. 링스터 세대와 함께 생활하고 있다면, 되도록 그들과 얼굴을 맞대고 대화하도록 유도해야 한다. 가령 대화 중 그들이 PDA를 보고 있다면, 'PDA를 내려놓고 대화에 집중하라'고 요구해야 한다.

## 대면접촉 부족 현상

IT 기술에 의존한 나머지 대면접촉의 기회가 별로 없는 링스터 세대들은 살면서 종종 마주하게 될 어려운 만남에 대처하지 못할 수 있다. 그들은 얼굴을 마주하고 대화하기보다 간단한 문자메시지와 자신의 감정을 담아내는 각종 아이콘으로 생각을 대변한다. 그리고 심지어 대화를 통해 이성친구와 헤어지기보다 문자메시지를 주고받다가 결별하는 일이 더 많다. 이처럼 링스터 세대는 살면서 접하는 어려운 만남에 대처하는 법을 제대로 배우지 못하고 있다. 만남을 회피함으로써 어려운 대화를 풀어가는 법을 전혀 배우지 못한다. 귀가시간이 늦어질 것 같다는 이야기를 부모에게 문자메시지로 보내면 마음은 편하겠지만, 직접 말로 하는 것보다 설득력이 떨어진다. 뿐만 아니라 누군가를 비판하는 글을 웹사이트나 블로그 등에 올리기는 쉽지만, 사람을 직접 만나보고 대화하면서 관대한 마음을 기르는 법을 배울 기회를 놓치고 있다. 이 같은 대면접촉 부족 현상은 심각한 문제가 될 수 있다.

## 환경에 대한 인식의 변화

베이비부머 세대는 정부가 농지를 조성하겠다며 플로리다 에버그레이즈를 개간한 때를 기억하고, X세대는 1989년에 일어난 엑손 발데즈 원유유출 사건을 기억한다. 그리고 Y세대는 녹색을 새로운 트렌드로 인식하고 있다. 특히 Y세대는 자라면서 〈불편한 진실An Inconvenient Truth〉이라는 영화를 접했다. 미국 45대 부통령이자 환경운동가인 앨 고어Al Gore가 출연한 이 영화는 인간들이 만들어낸 지구온난화와 그로 인한 심각한 환경오염을 극복해야 한다는 내용이다. 이런 영향인지 Y세대는 지구온난화로 북극의 빙하가 녹고 오존층이 파괴되며, 석유 매장량이 줄고 있는 등 지구의 환경위기를 심각하게 인식한다. 그래서 Y세대는 대개 자신의 신발 크기를 알기도 전에 탄소 발자국에 대해 알게 되었다.

　미국 캠프협회ACA가 실시한 설문조사에 따르면, 대다수 캠프장에서 10대를 위한 환경 관련 프로그램과 활동들이 제공된다. 야외용품 전문 판매업체 레이REI와 비영리단체 LNTLeave No Trace Center for Outdoor Ethics('흔적 남기지 않기' 캠페인을 벌이고 있는 단체)가 제휴하여 PEAKPromoting Environmental Awareness in Kids(아이들의 환경인식 촉진 프로그램)라는 프로그램도 개발했다. PEAK는 도시 및 도시 외곽에 거주하는 아이들에게 책임 있고 신중하게 야외활동을 하는 법을 가르치는 데 유용하게 활용된다. 미국에서는 2002년

이래, 아이들 55만 명이 PEAK를 통해 미개척지와 등산로를 보존하고 지키는 법을 배웠다.

환경보호 활동을 열심히 하는 링스터 세대를 흔히 뉴스에서 접할 수 있다. 일례로 미주리 주 메리랜드 하이츠에서 학생들이 쓰레기에서 메탄가스를 뽑아내어 교실과 체육관 난방에 활용하는 기술을 고안해냈다. 또 메사추세츠 주에 거주하는 초등학교 3학년 학생 두 명이 상업적 목적으로 파괴되는 열대우림을 소재로 연극대본을 쓴 것은 물론, 친구들 11명과 함께 학생들과 선생님들 앞에서 연극을 직접 선보였다. 플로리다 주 폼파노 해변에 위치한 그린 몬테소리 학교 '녹색 어린이집 Green Children's House'에서는 친환경에 초점을 맞추어 아이들에게 재생과 재활용에 관한 교육을 실시한다. 아이들에 관한 문서는 부모들의 요구에 따라 재활용 용지로 프린트하고 있지만, 종이를 전혀 사용하지 않는 것이 목표다. 학생들에게 제공하는 모든 음식이 유기농인데, 음식재료는 유기농 전문점에서 들여오거나 '영구 농장'에서 재배한 것들을 사용한다. 이 학교의 웹사이트에는 이 학교가 학생들의 IQ와 함께 EQ를 높이는 것을 사명으로 삼고 있음을 알 수 있다. '녹색 어린이집' 외에도 친환경 유치원들이 속속 생겨나고 있다. 미국 그린빌딩 위원회 U.S. Green Building Council에 따르면, 127개 유치원이 그린 빌딩으로 인가 받았다.

## 환경에 대한 관심이 높다

링스터 세대는 세상의 상태에 깊은 관심이 있는 것으로 보인다. 모든 기업이 환경을 최우선으로 해야 한다고 생각한다. 또한 늘 인터넷에 연결되어 있으면서 전 지구촌에서 일어나는 각종 사건과 세상의 상태를 잘 알고 있다. 그래서 링스터 세대는 세상의 문제를 자신들의 앞마당 문제로 여기고 세상을 더욱 살기 좋은 곳으로 만들어야 한다는 생각을 갖고 있다. 베이비부머 세대는 유치원에서 굶주리는 아프리카 아이들을 생각해 음식을 남기지 말아야 한다고 배웠지만, 링스터 세대는 유아시절부터 '음식 나누기' 행사에 직접 참여함으로써 세상의 기근을 해결하는 데 동참했다. 그리고 링스터 세대는 녹색운동Green Movement에 열정을 쏟는다. 베이비부머들은 그들이 부모들의 가치로부터 단절됨을 그린 〈졸업The Graduate〉에서 잊지 못할 인상을 받았고, X세대는 어른들로부터의 독립을 찬양한 〈조찬클럽The Breakfast Club〉의 영향을 받았다. Y세대는 괴짜 이야기를 그린 〈나폴레옹 다이나마이트Napoleon Dynamite〉를 오래토록 기억할 것이다. 반면에 링스터 세대는 〈훗Hoot〉과 〈해피 피트Happy Feet〉, 앨 고어가 출연한 〈불편한 진실〉을 가장 인상 깊게 볼 것으로 생각한다. 이들 영화를 비롯한 '녹색' 영화들이 미래에 대한 사명감을 불러일으켰기 때문이다.

눈치 빠른 기업들은 이와 같은 친환경 트렌드에 발을 맞추고 있다. 세계 최대 유기농 전문 체인 홀푸드마켓은 얼마 전 틴스 터닝 그린Teen Turning Green이라는 10대 전용 바디케어 제품을 선보였다. 이 제품군은 청소년들로 구성된 위원회가 여러 스킨 제품들을 비교하고 평가해서 각

제품을 선정했다. 이 제품들에 대한 판매수익의 일부가 'Teens for Safe Cosmetics(안전한 화장품을 쓰는 10대)'에 후원된다. 10대 여성들로 구성된 이 단체는 오염물질과 독성화학물질이 없는 화장품 사용을 널리 권장하는 활동을 전개 중이다. 링스터 세대는 소규모 단체를 결성하여 지역 수준에서 환경활동을 벌이기도 한다. 코네티컷 주 북동부에서 고등학교 1학년 세 명이 그린 틴즈<sup>Green Teens</sup>라는 환경단체를 결성했는데, 교육을 통해 또 생활방식을 약간 바꿈으로써 환경을 보호할 수 있다는 인식을 널리 퍼뜨리고 있다. 그런 활동의 일환으로 헝겊가방 부스를 여럿 운영하고 에너지 절약형 전구교체 활동을 벌이며 각종 지역 행사에 참여했다.

링스터 세대가 자신 밖의 세계로 눈을 돌리고 특히 환경문제에 깊은 관심을 가지는 것은 다행스러운 일이다. 하지만 그들이 직장에 들어가 회사가 그들처럼 환경 활동에 참여하기를 고대하는 것은 우려스러운 일이다. 당신의 기업에서 폐지 재활용, 에너지 절약, 탄소 발자국 줄이기 등을 아직 시작하지 않았다면, 지금 바로 시작하라. 링스터 세대가 몰려들 것이다. 친환경을 거부하는 기업들은 링스터 세대에게 철저히 외면당할 것이다.

### 링스터 세대가 꿈꾸는 직장

핫 토픽<sup>Hot Topic</sup>은 10대를 겨냥하여 콘서트 음악과 대중문화를 테마로 한 의류 등의 엔터테인먼트 상품을 판매하는 전문 소매점이다. 핫 토픽의 주요 고객 및 직원들은 대부분 10대 청소년들이다. 매장에서는 음악이 크게 울려 퍼지고, 직원들은 핫 토픽 고유의 근사한 복장을 입고서 고객을 맞는다. 핫 토픽은 고객들을 대하기에 무리가 없는 세련된 복장을 장려한다. 이 회사는 트렌드를 놓치지 않기 위해 직원들에게 기회가 되는대로 콘서트를 보러 가라고 권장한다. 콘서트를 보고나서 패션 트렌드에 관한 보고서만 제출하면 입장권 비용을 처리해준다. 소매 업종에서 보기 드문 일이지만, 핫 토픽의 미장직원은 고객과 전화통화를 하거나 문자메시지를 보냄으로써 패션에 관한 의견을 서로 주고받는다. 집에서 행동하던 일을 그대로 직장에서도 할 수 있기에 링스터 세대는 핫 토픽을 동경한다. 링스터 세대의 패션에 정통하다는 장점은 핫 토픽에 혜택으로 되돌아온다.

## ▪▪ 링스터 세대는 이렇다!

링스터 세대라고 하면, 부모 세대인 X세대의 가치관, 첨단기술, 환경에 대한 인식 강화가 쉽게 떠오른다. 기업의 관리자들은 링스터 세대의 조직 적응이라는 새로운 문제를 떠안게 되었다. 링스터 세대는 부모와 매우 가깝게 지내는데, 상당수가 부모를 최고의 친구라고 생각한다. 따라서 관리자들은 이런 부모들의 영향력도 간파해야 한다. 부모와 함께 의사결정을 내리는 링스터 세대의 성향을 인식할 필요가 있는 것이다. 링스터 세대 직원에게는 근무 일정을 최대한 탄력 있게 조정해주는 게 좋다. 흔히 링스터 세대를 떠올리라고 하면 귀에 이어폰을 꽂은 채 손으로는 현란하게 문자메시지를 보내고, 컴퓨터를 품에 안고 살며, 비디오 게임에 열광하는 모습이 떠오를 것이다. 휴대폰과 컴퓨터 없이는 하루도 살 수 없는 이들이 링스터 세대다. 그들은 대부분 IT 능력과 관련된 입사요건에는 충족하지만, 직장 동료들이나 고객들과 대면소통을 하는 데 매우 서투를 것이다. 따라서 관리자들은 링스터 세대 직원들이 커뮤니케이션 능력을 키우는 데 지원을 아끼지 말아야 한다.

링스터 세대는 개인으로서 또 집단으로서 환경에 미치는 양향을 인식하고 더 나은 세상을 만드는 데 기여하기를 원한다. 회사가 그들과 같은 인식을 하기를 기대한다. 사실 오늘날의 기업들의 정서를 살펴보면 기업이 사회적 책임을 다해야만 좋은 인재를 확보할 수 있고, 사업에서도 성공할 수 있다는 인식이 빠르게 확산되고 있다.

"젊은이들은 젊음이 영원할 거라는 중독에 빠져 지낸다.
젊음이란 늘 달콤하기만 하고,
젊음이 짧을 거라는 사실을 그들은 모른다."

아리스토텔레스Aristotle

## ▪▪ 서둘지 말고 단계적으로 접근하라

세대마다 직장을 바라보는 사고방식이 다르다. 이제 막 사회를 접하기 시작한 링스터 세대도 예외는 아니다. 그들의 생각과 행동 패턴 중 장점은 취하고 고칠 부분은 과감하게 지적해주는 지도가 필요하다. 사실 링스터 세대는 대부분 학업을 계속하면서 시간제로 아르바이트를 한다. 이전 세대들과 다를 바 없이, 그들에게 닥치는 고난은 대부분 그들의 젊음과 경험 부족에서 야기된다. 그러나 링스터 세대가 우리의 어린 시절과 똑같은 경험을 한다고 생각해서는 안 된다. 앞에서 설명했듯이 링스터 세대는 다른 세대들과 구분되는 나름의 지표들을 가지고 있다. 기업의 관리자들이라면 그들 세대가 갖고 있는 지표들을 참고하여 회사를 운영해야 할 것이다. 사회에 첫 발을 내디딘 링스터 세대들과 부딪히지 않고 원만한 관계를 만들어나간다는 것은 탄탄한 미래를 위한 투자다. 링스터 세대를 코칭하는 방법으로 여러 가지가 있겠지만, 우선 단계별로 목표를 설정하고 접근하는 것이 바람직하다. 단계별 목표는 다음과 같다. 첫째, 안착하게 하고 부담을 느끼지 않도록 돕는다. 둘째, 일상 업무에 배치하여 업무를 익히게 한다. 셋째, 즐거움과 재미를 제공하여 관심을 유지하게 한다. 넷째, 보상을 자주 하고 필요로 할 때마다 즉시 잘못을 바로잡아 준다.

## ˙˙ 링스터 세대 관리 비결

### 1. 감독하고 통제하라

링스터 세대는 고삐 풀린 망아지 마냥 어디로 튈지 모르는 나이 대에 있다. 그래서 그들은 일이 지루하다고 느껴지면 집중을 제대로 하지 못한 채 흥미를 잃는다. 고등학교 2학년인 폴<sup>Paul</sup>은 평소 책을 많이 읽고 비디오 게임을 즐기는데, 자신의 힘으로 돈을 벌어 게임 CD와 잡지를 사고 싶었다. 마침 우리에게는 다급히 발송할 우편물이 있었기에 (7월 1일까지 보내야 하는 작업이었다), 이를 종류별로 분류해줄 작업자가 필요했다. 우편물 분류작업은 10대들이 여름방학 동안 아르바이트를 하기에 안성맞춤인 일이다. 자신이 좋아하는 음악을 들으며 일할 수 있기 때문이다. 우리는 폴에게 작업을 맡겼다. 그때가 6월 1일이었다. 하루에 두 시간만 일할 경우 1주일이면 마칠 수 있는 작업이었기에 문제 생길 일이 없다고 판단했다. 그리고 폴에게 작업을 마친 후 보수를 지불하겠다고 말했다. 폴은 작업을 시작한 초기에 의욕이 넘치고 추가되는 일에도 흥미를 많이 느꼈다. 그런데 6월 말에 확인해보니 작업은 절반만 진행되어 있었다. 폴은 남아 있는 우편물들을 멍하기 바라보면서 우리에게 미안하다고 했다. 우편물 분류작업이 폴에게는 '지적 자극'을 일으킬 만한 일이 아니었던 것이다. 그 일은 단순히 반복되는 작업이었다. 따라서 이를 통해 지적 자극을 받기는 어려웠다. 사람들은 보상을 얻기 위해 그런 반복 작업을 마다하지 않는다. 보상이란 대개 금전을 말한다. 물론 자신에게 주어진 책임감을 시험해보고 싶거나, 사회적 자극을 받는다거나 또는 부모님을 실망시키지 않으려고 그런 단순 작업을 끝까지 해내기도 해도 대부분은 돈이 가장 중요한 동기요인으로 작용한다.

그러나 폴은 돈에서도 자극을 충분히 받지 못했다. 작업을 완수하고 폴이 받을 돈은 100달러였다. 100달러를 가지고 평소 죽도록 갖고 싶은 게임기를 살 수 있었다면, '부족한 지적 자극'을 극복하고 작업을 완수해야 한다는 동기가 되었을지도 모른다. 또는 폴이 굶주림에 허덕이는 노숙자 신세였다면, 먹을 것을 구하기 위해서라도 작업을 제 때 완수했을 것이다. 하지만 폴은 어느 경우에도 해당되지 않았다. 되돌아보니 우리가 몇 가지 실수를 했다. 한 달은 기다리기에 지루한 시간이다. 우편물 분류작업을 50통씩 마칠 때마다 보수를 지불했어야 했다. 결국 그를 간섭을 하지 않은 것이 최대 실수였다. 거듭 말하지만, 10대들은 집중하는 시간이 짧고 주의가 쉽게 산만해지는 경향이 있다. 비디오 게임, TV 등의 유혹에도 쉽게 빠진다. 집에 있으면 친구들이 놀러 오는 경우도 많다. 정리해보면 10대에게 일을 맡긴 후 일을 감독,

통제하지 않은 것이 문제였다. 그렇게 조치했다면, 폴의 사회성을 기르는 데에도 도움이 되었을 것이다. 작업한 수량에 따라 보수를 지불하고 긴밀하게 감독하면서 일이 떨어지는 대로 새로운 일을 맡길 수 있었을 것이다. 결국 우편물들은 7월 1일 보낼 수 없었다.

## 2. 업무설명을 제공하라

신입사원에게 늘 하는 일이지만, 링스터 세대에게도 업무의 내용과 범위에 대한 방향을 분명히 제시해야 한다. 직무설명서를 제공하여 직무의 중요성을 인식하게 하면 좋다. 시간제 업무는 직원들이 가볍고 일시적인 일쯤으로 여길 우려가 있는데, 직무설명서를 통해 관리자와 링스터 세대 직원 모두가 직무의 중요성을 실감하게 된다. 면접 과정에서는 출퇴근 시간, 책임 범위, 총 근무시간 등을 분명히 설명한다. 또 인터뷰 과정에서 직무 목표를 분명히 설명하면 링스터 세대 직원을 보유하는 데 도움이 된다.

## 3. 소중한 동료로 대하라

주로 시간제근무를 하는 링스터 세대는 정규직 직원들에 비해 동료들과 어울리고 교류할 시간이 부족하다. 이런 상황은 '2군 증후군'을 야기할 수 있다. 더욱이 링스터 세대는 정규직 직원들에게 소모품 취급을 당할 때 소외감을 느낀다. 링스터 세대는 늘 가족이나 친구들과 '연결'되어 의견을 주고받아왔다. 거듭 강조하는데, 링스터 세대는 그들의 부모들을 최고의 친구로 여긴다. 마치 불청객을 대하는 것 같은 회사 분위기가 링스터 세대에게 압박으로 작용한다. 링스터 세대는 대부분 일을 안 해도 아쉬울 게 없기 때문에 그런 감정을 느껴봐야 일을 그만둘 가능성만 높아진다. 그래서 사무실에서 동료들끼리 나누는 대화나 회의, 사교모임 등에서 시간제근무 직원들과 함께 하라고 정규직 직원들을 설득하고, 시간제근무 직원들이 정규직 직원들이 바빠서 못하는 일들을 대신 처리한다는 점을 모든 직원에게 주지시켜야 한다. 링스터 세대 직원들이 어떤 업무에 기여하든지 간에 그들이 조직에서 일익을 담당하고 있음을 알려야 한다. 이를 위해 회사가 주최하는 회의나 행사에 링스터 세대 직원들이 참여하도록 해야 한다. 사내 모임이나 회식에도 참여하라고 독려한다(당연한 소리지만 나이가 어려 술집에 못가는 직원들은 제외). 링스터 세대 직원들은 이런 활동을 많이 할수록 소속감과 애사심을 한층 더 느낀다.

## 4. 모범을 보여주라

이제 막 사회를 접하기 시작한 링스터 세대는 사회생활하는 법을 꾸준히 습득하고 있다. 그 과정에서 우리를 본보기로 삼는 그들에게 당연히 모범을 보여야 한다. 이에 우리가 스스로 출근시간을 지킬 때 그들도 출근시간을 지키고, 우리가 고객에게 최선을 다할 때 그들도 고객에게 최선을 다한다. 또한 그들의 근무시간과 급여를 꼼꼼히 점검하고 매사에 공정한 태도를 취한다면 그들 역시 신의를 저버리지 않을 것이다. 링스터 세대가 우리의 행동 하나 하나를 지켜보고 있음을 잊지 말자.

스타벅스는 동등한 참여를 핵심 가치로 삼는다. 직원 누구나 스스로 일하고, 직함을 가진 사람이 없으며 모든 직원을 '파트너' 라고 부르고 이름을 호칭으로 사용한다. 한국에서는 대대로 남자들이 설거지와 빨래 같은 가사 일을 잘 하지 않는데, 스타벅스 코리아는 이런 한국 문화에 동등한 참여라는 가치를 녹이기 위해 총괄책임자가 화장실을 청소하는 사진을 모든 점포에 걸어둠으로써 지위에 상관없이 모든 직원이 청소를 해야 한다는 점을 직원들에게 알리고 있다.

## 5. 구체적으로 설명하라

링스터 세대 직원들이 쉽게 지나칠지 모르는 규칙이나 규정에 대해 구체적으로 설명한다. 예컨대 링스터 세대 직원들에게 이런 식으로 설명한다. "몸이 안 좋거나 근무 시간을 조정해야 할 일이 생기면 사전에 되도록 자세히 알려주세요." 링스터 세대는 학교에 다니는 10대이고, 그들이 몸이 안 좋아서 학교에 결석해야 하는 경우 대개 그들의 부모가 학교에 연락을 한다. 이런 점으로 미루어 링스터 세대 직원이 미리 연락하지 않을지 모른다. 따라서 정시에 출근하지 않거나 근무시간을 지키지 않거나 회사의 핵심 가치를 어겨서 겪게 되는 불이익에 대해 분명히 설명한다. 더불어 이와 관련된 규칙을 시행하고 관리자가 먼저 모범을 보여야 한다. 어느 링스터 세대 얘기를 하나 소개한다. 요즘 유행하는 한 커피 전문점에서 일하는 매캐너<sup>McKenna</sup>가 이런 말을 했다.

> "우리 사장님은 지각하고 결근하는 직원을 보고도 아무 말씀도 안 하세요. 분통 터질 일이에요. 오리엔테이션에서 말한 것과 달리 왜 그런 직원을 해고하지 않는지 여쭸더니 사장님은 이렇게 말씀하셨어요. '그래, 네 말이 맞다. 하지만 우리는 너무 바쁘고 직원 구하기도 너무 힘이 들어. 믿지 못할 직원이라도 없는 것보다는 나아.'"

매캐너가 말을 계속했다.

"그런 직원이 출근을 하든 않든, 그런 식이면 손님들에게 서비스를 제대로 못하게 돼요. 게다가 공정하지도 않잖아요."

머지않아 매캐너가 일을 그만 두지 않을까 예상한다. 베이비부머 세대인 데이비드<sup>David</sup>는 한 연구소에서 연구책임자로 일하고 있는데, 보조 직원으로 링스터 세대를 자주 고용한다고 한다. 데이비드는 우리에게 이렇게 말했다.

"그들이 학생이고 일하는 방법을 배우고 있다는 점을 이해합니다. 하지만 넘지 말아야 할 선이 있어요. 면접을 아주 잘 본 10대 아르바이트생이 한 명 있었습니다. 그런데 그 친구는 인사과에 서류를 제출하는 일정을 두 번이나 어기고, 출근하는 첫 날에 거의 한 시간 늦게 출근을 했어요. 그날, 저는 그 친구를 보자마자 함께 일하기 어려울 것 같다고 말하곤 집으로 돌려보냈습니다. 다른 분들이라면 저보다는 관대하게 하셨을지 모르겠습니다. 하지만 직원들이 보고 있습니다. 그 친구를 계속 근무하게 했다면 다른 직원과 문제가 생겼을 겁니다."

## 6. 살갑게 대하라

링스터 세대 직원이 부서에 합류한 사실을 알리고, 그들을 반갑게 맞이하라고 직원들에게 부탁한다. 그 다음 그들이 함께 할 좋은 짝을 찾아준다(롤 모델이 되거나, 회사의 핵심 가치, 직업윤리, 업무성과 등의 측면에서 본보기가 될 사람을 찾는다). 링스터 세대 직원은 단짝과 함께 일하면서 불안과 두려움을 줄일 수 있다. 이처럼 단짝 역할을 하는 직원은 링스터 세대 직원에게 다른 직원들을 소개하고 비상구나 화장실, 식당 등 회사 건물의 구조와 위치를 설명해주어야 한다. 링스터 세대 직원은 이런 단짝을 통해 오리엔테이션에서 궁금했던 사항을 묻기도 한다. 첫 출근을 하기 전 날 미리 연락을 해주면 관심의 표시를 보이는 효과가 있다. 그때 이런 내용을 전달한다.

- 규정에 맞지 않는 복장을 하고 와서 집으로 돌려보내는 난처한 상황을 사전에 방지한다.
- 출퇴근 규정을 분명히 설명한다.
- 운전면허증이나 주민등록증 따위를 말한다.
- 아침에 교통이 혼잡하며, 교통체증이 지각의 이유가 될 수 없음을 깨닫게 한다.
- 회사 근처 공원의 위치
- 출근해서 만나야 할 직원
- 퇴근시간 등

### 7. 공감대를 만들어라

링스터 세대와 접촉을 많이 할수록 그들의 애사심이 커질 것이다. 링스터 세대 직원들의 이야기를 경청해보자. 어린 친구들은 그들 나름의 언어로 소통하고, 여러 면에서 미숙해서 표현이 서툴 수도 있다. 그들이 배우기를 거부한다고 추측해서는 안 된다. 교류한다는 느낌을 많이 가질수록 그들의 관심 수준이 높아진다.

## 8. 복장 규정을 재검토하라

10대들은 외모에 깊은 관심을 가지고 외모를 보고 사람을 판단하는 성향이 강하다. 이런 성향을 감안해서 복장 규정을 재검토한다. 링스터 세대 직원들이 자신들의 복장을 창피해하지 않는지, 근무복에 대해 불만이 없는지, 근무복을 언제 수정했는지, 근무복이 입기 편한지 등 복장에 관련된 모든 것을 점검하라는 말이다. 나이 어린 직원을 고용하거나 나이 어린 고객의 마음을 사로잡고 싶다면, 먼저 그들이 어떤 옷을 입고 싶어 하는지 확인하라. 유행에 뒤지지 않고 편안한 근무복이라면 링스터 세대와 Y세대가 거부하는 일은 거의 없을 것이다.

세계 정상급 디자이너 브루스 올드필드[Bruce Oldfield]는 직원들이 자신감을 가지고 고객들로부터 신망을 얻기를 바란 맥도날드의 뜻에 따라 런던 맥도날드의 근무복을 유행에 맞고 편리하게 재디자인했다. 자신들의 개성이 빛을 발하기를 바라는 링스터 세대는 그런 욕구를 충족하면 할수록 업무에서 강한 의욕을 발산한다. 따라서 링스터 세대 직원들에게 특정 복장 규정이 왜 필요한지 사전에 설명해야 하며, 직원들의 차림새나 복장은 업종의 특성과 잘 맞아떨어져야 한다. 가령 홈 데프는 오렌지색 앞치마를 회사의 상징으로 브랜딩했는데, 매장에서 모든 직원들이 오렌지색 앞치마를 걸치고 있어서 고객의 눈에 쉽게 띄고 안에 입은 옷도 보호된다. 앞치마만 걸치면 안쪽에 어떤 옷을 입어도 상관이 없다. 한 페인트 매장에서는 모든 직원들이 회사 로고가 박힌 골프 셔츠를 입고 있다. 서쪽 해안 지방에서 근무하는 직원들은 셔츠를 부분적으로 염색해서 입기로 했다. 이에 경영진은 흔히 입는 갈색 색상의 근무복보다 페인트의 이미지가 더 부각된다며 직원들의 의견을 받아들였다.

## 9. 부모들에게 고마움을 표현하라

아직 10대인 링스터 세대는 대부분 부모의 울타리 안에 있다. 그래서 부모들이 링스터 세대 직원들을 회사까지 차로 데려다 주고 퇴근시간에 맞춰 주차장에서 그들을 기다리는 모습을 흔히 볼 수 있다. 잠시 시간을 내어서 부모들과 인사를 나누고 자녀를 잘 챙겨주어서 고맙다고 감사의 표시를 한다. 서로간의 신뢰가 쌓일 것이다. 링스터 세대에게는 부모님을 회사에 초대하거나 부모님이나 친지들을 회사에 데려올 것을 장려한다(직원이 일을 얼마나 잘 하고 있는지 부모들 앞에서 굳이 알릴 필요는 없다. 대신에 직원이 회사에 얼마나 기여하고 있는지 부모들에게 알리는 정도는 괜찮다). 부모의 그늘 아래 있는 링스터 세대가 부모에게 일에 대한 불만을 터트릴 가능성이 큰데, 부모들이 회사를 방문하게 되면 자녀들이 업무의 어려움을 극복하도록 돕게 된다.

링스터 세대 직원들은 대부분 오래 근무하지 않을 것이다. 그래서 대부분 적은 급여를 받고 직원 교육도 최소한으로 받는다. 그러나 모순되게도 그들이 고객들과 가장 많이 접촉한다. 링스터 세대 직원들을 인재로 키우는데 투자를 늘려야 한다. 브랜드 이미지가 상승하고 고객들이 더 만족할 것이다. 링스터 세대는 머지않아 성인이 되고 그들의 구매력은 상승한다. 이 점을 잊지 말아야 한다. 그들에게 회사에 대한 긍정적 체험을 제공하는 것은 미래 사업에 성공의 씨앗을 뿌리는 일이다.

## ▪▪ 결론

사회를 처음 접하는 신입사원들에게 특별히 관심을 기울여야 한다. 이런 신입사원들은 회사의 사정에 대해 잘 알지 못하고 업무와 관련된 경력이나 경험도 거의 없어서 직무를 할당받고 업무에 익숙해지기까지 불안해하고 자신감을 가지지 못한다. 사회에 처음 진출하는 링스터 세대는 새로이 접하는 '지표'들을 통해 새로운 관점을 가지면서 여러 가지 문제에 직면한다. 이런 측면에서 부모와의 친밀한 관계, 삶 속에 녹아 있는 IT, 사회와 지구 환경에 대한 깊은 관심 등 링스터 세대를 들여다보는 지표들을 감안해야 한다. 이런 지표들에 유념하여 링스터 세대 직원에게 적합한 직무를 할당해야 한다.

# 6

세대간 벽을
허물기 위한 팁

"모든 포드는 모두 똑같이 생겼지만,
똑같은 사람은 어디에도 없다.
새로운 삶은 언제나 태양 아러 새로운 것이며,
예전에 결코 없었고 결코 반복되지 않을 것이다."

헨리 포드Henry Ford

직원들을 잘 관리한다는 것은 직원들의 필요를 충족해서 땀 흘린 만큼 거둔다는 확신을 심어주는 것을 의미한다. 직원들의 머리에 '공정한 거래'가 이루어지고 있다는 인식이 각인되어야 한다. 직원 개개인의 사정에 맞게 대처해야 직원 개개인의 필요를 충족할 수 있다. 이 세상에 똑같은 사람은 없는 법이다. 따라서 직원들이 저마다 처한 상황을 고려해서 그에 맞는 관리방식을 적용해야 한다. 직원 가개인이 속한 세대의 특징을 고려하되, 직무 내용과 직무 절차, 속도에 대한 필요성, 조정에 대한 필요성 등을 고려해야 한다. 무엇보다도 직원의 업무처리 수준을 감안해야 한다.

이제 세대간 벽을 허물 수 있는 직원관리 원칙을 제시한다. 관리 원칙 몇 가지를 설명하고, 관리하는 직원들의 세대별 특징과 환경에 적합한 관리방법 선정법도 소개한다. 지금 소개하는 관리원칙은 세대와 환경을 불문하고 모든 직원에게 적용될 수 있다.

## 1. 같은 사람은 없다

사람은 누구나 각자의 생각이 다르고 자신의 성향에 맞는 방법을 선호한다. 직원 개개인의 경험, 능력, 개인적 욕망, 세대별 지표 등을 바탕으로 직원들의 욕구를 밝혀 그에 맞는 관리법을 찾고 직원들을 이끌어가는 방법을 고민해야 한다.

## 2. '절대적인 것'은 없다

사람은 복잡다단한 존재다. 일상에서 수많은 사건들을 겪으며 사람들은 생각하고 감정을 느끼며 기억하면서 인식을 만들어간다. 누군가가 사심 없이 내뱉은 말에 누군가는 모욕을 느끼고, 누군가가 해주는 조언에 누군가는 간섭받는다고 생각할 수 있다. 자녀를 여럿 둔 사람들은 아이들이 저마다 다르다는 말을 자주 한다. 한 아이에게 잘 맞는 것이 다른 아이에게 잘 맞지 않는 경우가 있고, 한 아이에게 잘 맞았던 것이 다른 아이에게 잘 맞지 않는 일도 흔하다. 또 두 아이에게 잘 맞는 것이 장차 한 아이에게만 잘 맞거나 두 아이에게 모두 잘 맞지 않는 경우도 생길 수 있다. 다시 말해 '절대적인 것'은 없다. 사람을 다루는데 '절대적인 방법'은 없다.

　예컨대 남녀 직원이 둘 있는데, 두 사람 모두 일을 아주 잘 하지만 그들이 서로 연애하고 있다고 가정해보자. 두 사람은 함께 출근하고 함께 점심을 먹으며, 함께 퇴근하는 등 늘 붙어서 다닌다. 그렇다면 스스로에게 이렇게 말한다.

> "좋아. 두 사람이 공과 사를 구분하고 업무를 소홀히 하지 않는 한 그들
> 일에 간섭해서는 안 돼."

하지만 안타깝게도 두 사람의 업무 태만이 눈에 들어온다. 두 사람은 업무에 관심이 없는 것 같고, 회의시간에 잡담을 나누고, 점심시간을 잘 지키지 않는다. 그리고 고객들도 두 사람에 대해 불간을 제기했다. 그러면 쇠뿔도 단김에 빼라고, 두 사람을 따로 불러서 업무에 문제가 생기니 자제해달라고 요구한다. 두 사람은 얼굴을 똑바로 쳐다보며 알았다고 말한다. 그 약속이 얼마나 갈 것 같은가? 두 사람이 책임감 있는 성인이라면 약속을 지킬 것이다. 만약 그렇지 않다면 두 사람은 서로 싸우고 나서야 약속을 지키게 될 것이다. 서로 말조차 하기 싫을 테니 말이다. 직장에서 느끼는 긴장은 악순환을 초래할 뿐이다. 아마 두 사람 중 하나가 회사를 그만둘지도 모른다. 이후 일이 어떻게 전개될지도 알 수 없다.

이 문제를 다룰 방법은 여러 가지다. 두 사람의 문제를 아주 신중하게 다루면서도 조직운영에 문제가 생기지 않도록 해야 한다. 상황에 따라 두 사람을 갈라놓거나 두 사람이 한 약속을 일깨워 주거나, 혹은 두 사람 중 하나를 해고할 수도 있다. 이 모든 조치를 취하는 동안, 두 사람에게 성차별을 하지 않도록 주의해야 한다. 물론 쉽지 않은 문제다.

이번에는 차기 프로젝트를 맡길 책임자를 찾고 있다고 가정해보자. 믿을 만한 직원이 두 명 있다. 한 사람은 베이비부머 직원인데, 수많은

프로젝트를 진행한 베테랑 기술자인데다 늘 일정을 맞추고 비용을 절약하는 사람이다. 다른 사람은 특별히 내세울 것은 없지만, 장래가 유망한 X세대 직원으로 가끔 일정을 어기고 예산을 초과하지만 고정관점을 깨는 기발한 아이디어가 넘치며, 진행했던 프로젝트에 관한 이야기가 업계 소식지의 표지 이야기로 소개되기도 했다. 누구를 선택해야 할까? 신뢰할 수 있는 베이비부머 직원? 아니면 새로운 인재로 떠오르는 X세대 직원? 선택하지 않은 사람은 어떻게 대할 것인가? 방법은 여러 가지다. '절대적인 것'은 없다.

## 3. 연장이 많아야 일도 잘 한다

동등한 조건을 갖춘 사람들이 있다면, 어떤 상황에서든 선택권이 많은 사람이 두각을 나타내게 마련이다. 가령 기술, 능력, 총명함, 상식, 동기를 갖춘 수준이 같은 기술자 두 명이 있다면, 연장을 하나라도 더 가진 기술자가 결국 다른 기술자를 압도할 것이다. 직원들을 관리하는 측면에서도 마찬가지다. 주어진 여건에서 선택권을 더 많이 가진 관리자가 결국에 두각을 나타낼 수밖에 없다. 예컨대 이 책을 읽고 나면 Y세대와 링스터 세대 직원들에게 꾸준히 피드백을 하고 조직에 동화되도록 돕고 싶어질 것이다. 이 책에서 소개한 방법이 모든 직원들에게 통한다고 보장할 수는 없다. X세대처럼 간섭을 받기 싫어하고, 또는 혼자 일하기 좋아하는 Y세대 직원이 있을지 모른다. 그 직원은 관리자의 꾸준한 '개입'에 숨이 막힐 것이다. 뒤로 물러서기 어렵다면, 두 방법의 균형을 맞춰야 한다. 그렇지 않으면 그 직원은 회사를 떠날 수 있다. 자세를 낮추고 직원의 요구를 들어주는 관리자가 태도를 전혀 바꾸지 않는 관리자보다 직원들의 신망을 얻게 마련이다. 지난 25년 간 '참여경영participative management'을 실천하는 기업이 상당히 많이 늘었다. 의사결정과정에 직원을 참여하게 함으로써 올바른 의사결정을 내리고 의사결정의 지지도가 올라갈 확률이 높아진다는 점을 경영자들은 배웠다. 이 방법이 늘 통할까? 물론 그렇지 않다. 때로는 직원들에게 좌절감만 안겨주는 끔찍한 방법이 된다. 우리는 참여경영을 제공하거나 유도하면서 참여경영의 효과를 확신하게 되었다. 그래서 우리 의뢰인이 의사결정을 내리기 전에 우리에게 의견을 묻기를 바란다. 보통은 그렇다.

몇 년 전의 일이다. 우리 가족 모두가 래프팅을 떠난 적이 있다. 고무보트에 일곱 명이 탔는데, 보트의 왼쪽과 오른쪽에 각각 세 명씩, 그리고 뒤쪽에는 가이드가 앉았다. 우리는 모두 가이드의 지시에 따라 나아가야 할 방향에 맞춰 노를 저었다. "오른쪽 앞으로, 왼쪽 뒤로…. 왼쪽 앞으로, 오른쪽 뒤로…" 식이었다. 급류로 나아갈수록 가이드가 급하게 지시했다. 우리는 엄청난 속도로 밀려오는 암초와 나무토막을 피해야 했다. 그때는 가이드가 어느 방향으로 노를 저어야 할지 우리에게 물어봐야 하는 시점이 아니었다. 우리는 우리의 다음 행동에 대해 듣기를 바라고 들을 필요가 있었다. 운 좋게도 가이드는 이런 점에서 능숙했다. 밤에 캠프파이어에 둘러 앉아 다음 일정을 논의하는 자리에서 가이드가 고무보트에 좀 더 편하게 앉고 싶은 생각이 있는지, 휴식시간을 얼마나 가지고 싶은지, 점심으로 뭘 먹고 싶은지 등등을 우리에게 물었다. 그는 지시하는 태도에서 의견을 구하는 방식으로 태도를 바꾼 것이다. 우리는 두 가지를 능숙하게 하는 그의 능력에 찬사를 보냈다.

## 4. 상호주의 원칙을 적용하라

준만큼 받게 마련이다. 다른 말로 하면, 뿌린 대로 거두는 법이다. 자신의 삶에 긍정적 변화를 일으키는 사람을 떠올려보자. 회사의 상사나 선생님이 떠오를 수도 있겠다. 또는 자신을 보살펴 준 스승이나 정신적으로 버팀목이 되어준 친구가 떠오를 수도 있다. 이런 사람이 오랫동안 연락을 끊고 지내다가 어느 날 밤 갑자기 전화를 걸어왔다고 상상해보자. 경미한 범죄를 저질러 경찰서에 갇힌 그는 자신을 빼내달라고 부탁한다. 그의 부탁을 들어주겠는가? 정상참작의 여지가 없어도 당연히 부탁을 들어주려 할 것이다. 극단적 예를 들었지만, 이것의 직장에서 지켜야 할 상호주의 원칙이다. 누군가의 도움을 받으면 그 빚을 갚고 싶은 마음이 든다. 인지상정이다. 설사 도움을 받은 적이 없더라도, 말하자면 약간 안면이 있는 정도의 사람이 그런 부탁을 해도, 좋은 사람이라는 평판을 얻기 위해 부탁을 들어주는 사람이 있을 수 있다. 하지만 안면이 거의 없는 사람에게는 거의 거절을 한다.

직장에서 만난 관계에서는 유독 상호주의가 강하게 나타난다. 파티에서 만나거나 한번 보고 마는 사람들과 달리 직장 동료들은 매일 얼굴을 보고 교류하며 많은 것을 주고받는 관계다. 우리도 많은 직원들과 많은 시간을 함께 보낸다. 당연히 긍정적이든 부정적이든 직장에서는 매사에 상호주의를 따른다. 어떤 관계가 건전하게 유지되려면 긍정적인 점과 부정적인 점 사이의 균형이 유지되어야 한다. 양측이 공정하다는 생각을 가질 때 원만한 관계가 이루어진다. 관리자라면 직원들의 요구를 듣는 일에 애써야 한다. 그러다보면 직원들이 받은 대로 갚기 위해 더욱 노력하는 일이 많아진다.

지금까지 설명한 대로 세대마다 성향이 다르고 바라는 바가 다르다. 베이비부머 세대 직원들은 그들의 경험을 존중받고 팀에 기여할 기회를 갖기 원한다. X세대 직원들은 독립적으로 일하면서 개인의 성과를 인정받고 싶어 한다. Y세대 직원들은 꾸준한 피드백과 깊은 관심을 받고 싶어 한다. 복리후생제도에 대해 한 번도 논의하지 않았는데, 간단히 말해서, 직원들이 회사에서 그들의 필요를 충족해야 대가는 그만큼 회사에 헌신한다. 직원들이 원하는 바를 하나부터 열까지 다 들어주라는 말이 아니다. 원하는 것과 필요로 하는 것은 다르다. 가령, 아이들은 원하는 모든 것이 이루어지길 바라며 무언가 마음에 들지 않으면 응석을 부린다. 그래서 아이에게는 설사 훈육이 먹히지 않는다 해도 훈육과 사랑이 동시에 필요하다. 성인들은 대개 한 푼이라도 더 벌고 싶어 하면서도 회사에 기여한 대가를 제대로 받기 원한다. 우리들은 대부분 일이 술술 풀리기를 바라지만, 눈앞에 닥친 문제들을 슬기롭게 극복해야 한다. 직원들은 대개 계속 인정을 받고 싶어 하지간, 솔직한 피드백을 필요로 하는 직원들도 있다. 직원들이 필요로 하는 부분을 채워줄 때 상호주의 원칙이 통하게 된다.

개인마다 나름대로 필요로 하는 것들이 있고, 우리가 그런 필요를 충족할 때 상호주의 원칙이 통하기 때문에, 직장 동료들과 관계를 원활히 유지하기 위해 나름의 관리방식을 가져야 한다. 아래는 감독, 교육, 설득, 협력, 조정의 다섯 가지 관리방식이다. 각 방식을 조직의 환경에 어떻게 적용할지 생각해보자.

### 1. 감독

용어에 함축된 의미처럼, 명령하고 지시하는 방식이다. 다시 말해 직원들에게 무엇을, 언제, 어떻게 할지 구체적으로 지시하는 방식이다. 그렇다고 직원들에게 함부로 말하거나 권위를 지나치게 내세우는 식은 아니다. 지시방식이라고 바꿔 말할 수 있는 것도 아니다. 앞서 래프팅에 함께 참여한 가이드가 감독방식의 좋은 본보기다. 그는 우리에게 지시했고, 우리는 그의 지시를 따랐다. 지시사항을 분명히 설명한 것을 제외하고 우리 사이에 상호작용이 거의 없었다. 소통은 거의 일방향으로만 이루어졌다. 간혹 누군가가 그에게 한 번 더 말해달라고 하거나 앞에 놓인 나뭇가지를 치워야 하는지 묻기도 했지만, 그게 아니라면 그가 감독했고, 우리는 따랐다.

Y세대와 링스터 세대 하면, 감독방식이 떠오르기 마련이다. 나이가 어린데다 경험이 없는 그들은 대개 지시에 따라서 일을 한다. 물론, 늘 그렇지는 않다.('절대적인 것'은 없다) 하지만 나이 어린 직원들을 감독하는 것이 관례처럼 통한다. 신입사원들은 그들의 직무를 명확히 파악할 수 있어서 이런 방식을 선호하기도 한다. 본래, 처음 시작하는 사람들은 좀 더 차원이 높고 복잡한 단계로 넘어갈 준비를 미처 하지 못하니까 말이다.


## 2. 교육

전설의 경영자 잭 웰치Jack Welch가 자신이 GE에서 한 일에 대해 이렇게 말했다.


"인재 개발이 제 주 업무였습니다. 저는 우리의 최고 인재들 750명에게 물과 영양분을 뿌리는 정원사였습니다. 물론, 잡초는 뽑아내야 했습니다."


웰치는 교육이 관리자의 주 업무라는 말을 자주 했는데, 자신이 한 말을 몸소 실천했다. 그는 17년 간 GE의 교육 센터에서 만 5,000명이 넘는 경영자들을 대상으로 250회가 넘는 강연을 했다. 관리자는 이 방식을 통해 부하직원들이 성장하고 발전하도록 독려하고 이끈다. 컴퓨터로 직무를 수행하는 법을 설명하는 간단한 교육부터 새로 도입한 복잡한 컴퓨터 기기 사용법을 설명하는 어려운 강의에 이르기까지, 교육의 범위는 넓다. 문제는 어떻게 훌륭한 '강사'가 되는가이다. 지난 30년 간 우리는 세계 각지에서 수많은 강연을 벌이면서 강연의 성공률을 높이는 강연의 기본 원칙들을 발견했다. 이 원칙들은 어떤 강연에나 적용하고 상황에 맞게 조정할 수 있어서 강연이든 일대일 토론이든 직원들과 동료들을 교육하는데 효과가 아주 좋다.

- **청중을 즉시 사로잡는 이야기나 정보를 먼저 제시한다** "생산 불량률이 허용범위를 넘어섰다!" 이런 말로 시작하는 것보다 다음과 같은 말이 듣는 이들의 관심을 사로잡을 것이다. "이번 달에만 9만 2,000개를 폐기해야 했다. 손실 비용은 4,324,000달러다. 이런 손실은 연간 51,888,000달러에 이른다. 불량률을 1%만 줄여도 연간 500,000만 달러가 절약된다."
  경영기법에 대한 강의를 할 때 나는 끝없이 이어지는 지루한 자기소개를 뒤로 미루고, 사우스웨스트 항공에서 근무하던 시절에 나를 발 벗고 나를 도운 동료 얘기를 꺼내서 청중의 관심을 사로잡은 다음 차츰 다소 지루한 경영이론 얘기로 넘어간다. 그리고 마지막에 훌륭한 상사 덕분에 일에 열정을 느낀 동료 얘기를 하며 강의를 마무리하는데, 훌륭한 경영자의 요건을 설명할 때도 이 얘기를 활용한다.

- **청중을 끌어들인다** 다음은 지금까지 만난 관리자들 중에서 최고의 관리자와 최악의 관리자를 청중에게 적어보라고 한다. 그리고 청중이 적은 내용을 가지고 함께 토론하면서 좋은 관리자와 나쁜 관리자의 특성을 나눠서 정리한다. 청중은 이런 과정을 통해 좋은 관리자와 나쁜 관리자에 대한 개념을 잡고 경영이론에 대한 설명을 들을 준비를 하고, 저마다 강연에서 배운 내용을 조직운영에 어떻게 적용할지 생각하게 된다.

- **실제 사례로 설명한다** 서투른 관리자는 우유부단하다는 내용을 말로만 설명하지 말고, 실제로 의사결정을 잘 내리지 못하는 관리자에 대해 이야기해준다. 이로써 청중이 공감대를 느끼면서 좀 더 쉽게 이해하게 된다. 실제 사례는 현실감을 더한다. 가령, 주택대출 이자율이 1달러만 떨어져도 가계에 엄청난 보탬이 된다고 말로만 설명하기보다 모기지대출 금액과 이자율을 구체적으로 언급하면서 설명하면 청중이 쉽게 이해한다. 운전도 말로만 설명하기보다 시범을 직접 보여야 운전을 배우는 사람이 더 빨리 운전을 이해한다. 응석받이로 키운 아이는 나중에 자기밖에 모르는 사람이 된다고 말로만 설명하기보다 지인의 자녀 얘기를 예로 들면 좋다.
  이야기를 통한 사례 제시는 개념을 설명하는 데 효과적이다. 사람들이 책과 영화를 즐기는 이유가 여기에 있다.

- **일을 옆에서 지켜본다** 직원을 옆에서 지켜봐야 직원이 똑같은 실수를 반복하는지 아닌지 알 수 있다. 2년 전 Y세대 아르바이트생을 하

나 고용해서 사무보조 일을 맡겼다. 그에게 DM 발송하는 일을 시켰는데, 브로셔를 자그마치 1만 8,000개나 접어서 우표를 붙여야 했다. 나는 그 친구에게 시범을 보이고 곧바로 출장길에 올랐다. 주말에 사무실로 돌아와 보니 브로셔 전체에 우표가 붙어 있고 봉해져 있었다. 그런데 주소가 적힌 부분이 안쪽으로 접혀 있어서 배달이 불가능했다. 인생이란 배움의 연속 아니던가. 다소 번거롭더라도 곁에서 감독하며 지켜보면 결과적으로 비용을 줄일 수 있다.

## 3. 설득

관리자가 일의 당위성을 직원들이 이해하도록 설명하는 방식이다. 다시 말해 지시는 해야 할 일을 알리는 방식이고, 교육은 일하는 방법을 설명하고 시범을 보이는 방식이며, 설득은 일해야 하는 이유를 설명하는 것이다. 설득하는 과정에서는 영감, 호소력, 인격의 힘이 결합되어 큰 그림이 그려지고, 일의 필요성이 전달되어 부하들이 일에 동참하게 된다. 뉴 벨지움New Belgium Brewing의 CEO 킴 조단Kim Jordan은 매달 전체 직원들과 회사의 재무상황을 공유하며 직원들에게 설득의 방식을 취한다. 직원들에게 이익이 얼마나 되는지를 설득하고 납득시켜 직원들이 열심히 일하도록 만드는 것이다. 노인 시설에서 음식을 나르는 링스터 세대에게 껌 씹는 행동이 왜 부적절한지를 설명하거나, 팀에서 X세대 기술자들에게 협력의 가치를 이해하게 하는 등, 설득의 방식은 직원들이 업무에 동참하게 하고 일을 끝까지 완수하도록 의욕을 북돋워주는 데 효과적이다.

## 4. 협력

관리자가 지시, 학습, 설득의 방식에 비해 대등한 위치에서 동료들과 소통하는 방식을 말한다. 관리자는 최종 결정권을 가지고 있지만, 동료들이나 부하직원들과 충분히 논의한 뒤에 의사결정을 내린다. 문제가 하나 있다면, 의견을 묻고 가능한 해결책을 함께 찾을 뿐 직원들에게 문제해결 방안을 제시하지 않는다는 점이다. 이 방식은 우리가 탄고무보트가 급류에 휘말릴 때 가이드가 취하기에는 아주 부적절한 방식이지만, 캠프파이어에 둘러 앉아 다음 날 계획을 논의하는 자리에서는 완벽한 방식이다. 협력의 방식에는 함께 협력하는 사람들의 능력을 어느 정도 신뢰한다는 전제가 따른다. 예컨대 아들의 대학원 진학에 관해 아버지와 아들이 나누는 대화에서도 협력의 방식이 통한다. 이때 아들에게 관심사와 걱정에 대해 물어보고, 아들이 가고 싶어 하는 학교와 그 학교를 선택한 이유를 찾고, 학교를 선택할 때 고려해야 할 요소들에 대해 의견을 제시할 것이다. 그럼에도 결정은 결국 아들의 몫이다. 아버지와 아들은 동등한 관계에서 논의를 한다. 아들이 특정 학교에 들어가기를 설득하는 과정에서도 협력의 방식을 취할 수 있다. 반면, 이 과정에서 감독의 방식을 취할 경우, 등록금을 지원받고 싶으면 특정 학교에 들어가라고 아들에게 말할 것이다. 성인이 되어 자립한 아들과 대화할 때는 협력의 방식이 가장 잘 통한다.

반면에 곧 초등학교에 입학하는 6살짜리 딸과 대화할 때 협력의 방식을 취하는 것은 매우 부적절하다. 어른인 아버지가 아무것도 모르는 어린 딸에게 결정권을 준다는 것 자체가 우스꽝스럽다. 앞서 언급했듯이, 협력의 방식에는 대화하는 사람들이 서로 어느 정도 신뢰한다는 전제가 따른다. 관리자로서 직원들에게 의견을 구할 때는 직원들이 솔직한 의견을 제시하도록 편안한 분위기를 조성해야 한다. 또한 직원들과 신뢰관계를 맺지 못한다면, 직원들은 마음을 열지 않을 것이다. 마찬가지로 관리자가 직원들에 대해 의견을 주고받을 수 있는 관계임을 확신하지 못할 때 대화의 균형이 깨지고 만다.

베이비부머 세대나 X세대와 소통할 때에는, 대개 그들의 경험을 고려해서 협력의 방식을 취한다. 그럼에도 거듭 말하지만 '절대적인 것'은 없다. 충분히 믿을 만해서 협력의 방식이 잘 통하는 Y세대 직원들도 있게 마련이다. 예컨대 Y세대 신입사원들에게 직무와 책임 범위를 설명할 때 감독의 방식을 취할 것이다. 그러다가 일을 제대로 처리하는 방법을 설명할 때는 교육의 방식을 취하고, 문신을 가리고 고객을 대해야 한다고 설명할 때는 설득의 방식을 취할 것이다. 아마 상대방과 함께 의견을 나눌 영역이 없다면 협력의 방식을 취하지 않을 것이다. 가령 IT 전문가와 대화를 나누기 시작하면, 협력의 방식에 따라 IT에 대해 의견을 주고받겠지만, 그가 IT 분야의 권위자라면 감독, 교육, 설득의 방식을 취하기도 한다.

## 5. 조정

대다수 관리자들이 활용하고 대다수 직원들이 선호하는 방식이다. 직원들이 업무에 능통해서 관리자의 감독을 받지 않고 업무를 수행할 수 있는 경우에 주로 활용한다. 이 방식은 잘 활용하면 경영관리의 기본이 된다. 이 방식에 따라 관리자는 직원들에게 목표를 할당하고 결과에 대한 책임을 부여하며, 직원들은 직무를 어떻게 수행할지 계획한다. 이 방식을 활용하면서 직원의 업무방식, 업무진행 상황, 조직의 문제 등 직원의 업무진행과 관련된 것들은 별로 논의하지 않는다. 반면에 이 방식은 잘못 활용하면 권한을 포기한 관리로 전락한다. 전형적인 사례로, 2008년에 월스트리트에 닥친 금융위기를 들 수 있다. 당시 미 증권거래위원회와 규제기관들이 금융업계를 오로지 조정의 방식으로 관리했지만, 형편없는 결과를 초래하고 말았다. 결과에 대한 책임을 금융업계에 부여하지 않았기 때문이다.

예를 또 하나 들자면 프로젝트를 기획하는 프로젝트 관리자들이 조정의 방식을 잘 활용한다. 그들은 프로젝트 일정에 맞춰 일을 진행할 여러 하도급업체와 거래를 체결한다. 프로젝트의 방향이 정해지면, 하도급 업체들은 저마다 알아서 일을 처리하고 필요에 따라 프로젝트 관리자에게 도움을 요청한다. 프로젝트 관리자는 조정의 방식에 따라 업체들과 문제를 논의하고 해법을 찾고, 필요에 따라 설득, 교육, 감독의 방식으로 프로젝트 전반에 관해 업체와 소통하는 경우가 많다. 그럼에도 프로젝트 관리자는 조정의 방식에 따라 주로 업무를 조정하고 하도급 업체들에게 결과에 대한 책임을 부여한다. 경력이 많은 베이비부머 세대 직원들은 그들의 상사들이 조정이라는 방식으로 자신들을 대해주기 기대하고 그런 대우를 받을 자격이 있다고 생각한다. '열쇠 아동' 생활의 경험과 타고난 독립심을 가진 X세대는 그럴 만한 자격이 있든 없든 처음부터 조정의 방식으로 대우받기 바란다. 지금쯤 X세대는 그런 대우를 정당히 받을 정도로 직장 경력을 충분히 쌓았다. Y세대는 전 세대에 비해 상대적으로 경험이 부족한 탓에 조정의 대상이 되지는 못하지만, 이런 경향도 Y세대가 경험을 쌓아감에 따라 바뀌고 있다.


## ▪▪ 직무내용과 직무절차

고객의 불만사항을 처리하는 일부터 외과 수술을 하는 절차에 이르기까지 직무내용과 직무절차에 따라 업무 방식이 정해진다. 직무내용과 직무절차가 분명한 상황에서 직무에 서툰 직원들은 감독의 방식으로, 직무에 능숙한 직원들은 조정의 방식으로 대한다. 예컨대 패스트 푸드 전문점에서는 직원들이 명확한 절차에 따라 햄버거나 감자튀김을 만든다. 만약 링스터 직원이 이런 절차를 잘 모른다면, 감독과 교육의 방식을 활용하고, 직무 내용을 잘 알고 있고 믿을만한 사람이라면, 조정의 방식을 활용하면 된다. 반면에 직무 내용과 직무 절차가 분명치 않다면 학습, 설득, 협력의 방식을 활용하면 된다.


X세대 부하직원이 배송이 여러 차례 지연되었다고 불만을 터뜨리는 고객 때문에 골머리를 앓고 있다고 가정해보자. 이때 직원에게 대안을 제시해야 하는데, 이렇게 말하면 좋을 것이다. "제인, 선적할 때 스미스 씨와 확인을 해보세요. 배송에 관해서는 한 치의 오차도 없는 사람이니까요." 또는 설득의 방식으로 직원이 꺼려하는 행동을 실천하도록 이끌 수 있다. "제인, 내 경험으로 미루어볼 때, 전화해서 공손하게 얘기하면 고객은 마음이 누그러질 거예요."
협력의 방식으로 고객의 불만을 해소할 방안을 강구해서 직원이 최선의 방안을 선택하게 해도 된다. 한 가지에서 세 가지 정도 방안을 제시하면 좋을 것이다.

## ▪▪ 속도에 대한 필요성

일을 급하게 처리해야 할 때 담당직원의 능력이 검증된 한, 흔히 감독이나 조정의 방식이 가장 잘 통한다. 예컨대 자신이 소방관 대장이라고 상상해보자. 급하게 화재현장에 도착했고, 불길을 잡을 방법을 빨리 찾아야 한다. 찬반양론을 따질 시간이 없다. 이때 우리는 즉시 감독의 방식을 취하고 해법을 찾아서 소방관들에게 명령을 내린다. 화재라는 상황에 맞는 적절한 방식을 활용한 것이다. 소방관들에게 지시사항을 전달한 다음에는, 조정의 방식을 취하면서 소방관들이 스스로 각자의 역할을 수행하게 한다. 업무가 급하지 않은 경우에는 여유를 가지고 교육, 설득, 협력의 방식으로 직원들과 소통한다. 소방관 대장이라면 소방서로 돌아와서 화재 사례에 대한 교육을 진행하면서 이런 방식을 활용하면 된다.

## ▪▪ 조정에 대한 필요성

세부사항에 합의해야 하거나 의견 차이를 좁혀야 하거나 토론과 소통이 요구되는 경우에 학습, 설득, 협력의 방식을 가장 많이 활용한다.

요양원에서 간호관리자로 일하는 준<sup>June</sup>은 얼마 전에 전염병에 감염된 환자를 격리해야 했다. 이런 문제를 처리하는 절차가 있었는데, 처음으로 시행하는 것이었다. 다른 사람들에게 전염병이 옮지 않도록 직원 모두가 나서야 했다. 이런 경우, 준은 교육의 방식으로 직원들에게 검역 절차를 급히 알리고, 설득의 방식으로 직원들이 상황의 심각성을 이해하게 하며, 협력의 방식으로 직원 개개인의 역할을 정하고 직원들이 합심해서 움직이게 할 것이다.

이런 식의 논의를 조금 하든, 아니면 할 필요가 없든, 보통 감독이나 협력의 방식으로도 충분하다. 고객 한 명이 이메일로 내게 청구서에 붙은 항목에 대해 물어온 적이 있다. 이런 일은 비용청구 일을 하는 헤더(우리 회사의 Y세대 사무보조원)가 잘 처리할 수 있었다. 이에 나는 협력의 방식으로 고객이 보낸 이메일을 헤더에게 전달했다. "헤더, 이것 좀 처리해주게." 헤더는 곧바로 고객의 궁금증을 풀어주었다. 문제는 이렇게 해결됐다. 헤더와 긴 얘기를 나눌 필요가 없었다. 업무를 맡겼을 뿐이다. 헤더가 그런 일은 능숙하게 처리하리라 믿었기 때문이다. 이런 경우 협력의 방식이 적합하다. 반면에 고객이 심하게 불만을 제기했고, 일이 제대로 처리되었는지 확인하고 싶었다면, 헤더에게 이메일을 전달하며 이런 말을 했을 것이다. "얘기 좀 해보세." 우리는 상황에 대해 얘기하고 전형적인 협력의 방식으로 방안을 강구했을 것이다. 혹은, 이런 문제를 전혀 다뤄보지 못한 헤더에게 경험 쌓을 기회를 주고 싶었다면, 교육의 방식을 적용한 다음 감독의 방식으로 헤더가 일을 처리하는 과정을 세세히 관리했을 것이다.

## ᵔᵔ 세대에 적합한 관리방식

원활한 관계를 유지하기 위한 5가지 관리방식은 그때그때 처한 상황에 맞게 활용하면 된다. 직무내용과 직무절차가 명확한가? 아니면 모호한가? 급히 처리해야 하는 일인가? 복잡한 조정과정을 거쳐야 하는가? Y세대와 링스터 세대에게는 대개 처음부터 감독, 교육, 설득의 방식을 사용한다. 그들이 업무를 숙달하고 혼자서 업무를 처리하는 수준에 도달하면, 가능한 한 조정의 방식을 채택하는 것을 궁극의 목표로 삼아서 상황에 맞춰서 관리방식을 전환해본다.

X세대, 베이비부머 세대, 전통세대 직원들에게는 흔히 협력과 조정의 방식이 가장 잘 통한다. 거듭 말하지만 상황에 맞춰서, 개별 직원의 특성에 따라 관리방식을 정한다. 가령, 컴퓨터를 배우는 전통세대는 감독의 방식을 선호할 것이다. 그런 직원에게는 컴퓨터 사용방법을 정확히 설명하고 지시사항을 전달하면 된다. 반면에, 전통세대처럼 업무경험이 많은 직원이 업무를 어떻게 하는지 지나치게 감독하면, 그 직원은 업무에 사사건건 간섭한다며 불쾌한 감정을 드러낼 것이다.

## ᵔᵔ 검증된 능력

직원에 대한 관리방식을 정하는 경우 직원의 능력을 가장 많이 본다. 고려해야 할 사항은 다음과 같다.

- 업무처리 능력을 직접 확인했는가?
- 업무를 스스로 찾아서 하는가?
- 그렇게 하는 것을 봤는가?
- 관리자가 옆에 없어도 스스로 해결방안을 찾는가?
- 직원이 스스로 일을 잘 처리한다면, 직원의 업무성과에 만족하는가?

위 물음들에 대해 '예'라는 답이 나와야 직원이 눈앞에 닥친 문제를 처리할 만한 능력을 가진 것이다. 베이비부머 세대인 밥$^{Bob}$은 소프트웨어 회사에서 8년째 일하고 있다. 그는 늘 목표를 초과하는 실적을 올리고, 관리영역을 탁월하게 관리한다. 밥은 변화에 금세 적응한다. 한 예로, 최근 회사가 상품 판매에 대해 컨설팅을 제공하기 시작했는데, 밥은 이런 변화에 쉽게 적응했고, 컨설팅 수익을 가장 많이 올렸다. 회사 내외부 자원을 잘 활용한 것이 비결이었다. 밥은 그의 업무영역에서 능력을 검증받았다. 협력과 조정 외의 방식으로 그와 소통한다면, 그는 세세한 부분까지 간섭받는다고 생각할지 모른다. 스스로 하도록 내버려두는 것이 밥을 관리하는 방식이다. 다시 말해 영업전략, 정책, 특정 문제를 두고 그와 협의를 한다 해도 최종 의사결정은 그에게 맡겨야 한다.

같은 회사에서 3년 동안 내부 영업담당으로 일한 줄리$^{Julie}$와 밥을 비교해보자. 줄리는 2주 전에 외부 영업을 맡게 되었는데, 고객들을 대면하고 내부 영업 담당자들과 협력하고 조정하는 역할을 하고 있다. 그녀는 총명하고 의욕이 넘치고 학벌도 좋고(스탠포드 MBA 출신이다) 영업력이 탁월한데(회사 내에서 영업 실적이 가장 좋다), 외부 영업 일을 새로 맡고 나서 처음에는 흥미를 느끼는 것 같았지만, 새로이 배워야 할 것들이 많아서 지친 듯했다. 줄리에게는 어떤 관리방식을 적용해야 할까?

그녀가 유능하고 실적이 좋다고 해서 조정의 방식을 적용해야 한다고 생각하기 쉽지만, 그렇게 하면 줄리가 외부 영업을 한 번도 해본 적 없다는 사실을 간과하는 것이다. 당분간은 외부 영업이라는 영역에서 그녀의 능력이 낮다는 전제를 두어야 한다. 그녀의 능력이 검증되기까지 감독, 교육, 설득의 방식이 적합하고, 그래야 그녀가 압박 받을 일이 줄어든다. 예컨대 몇 주 전에 줄리가 성사 가능성이 큰 거래를 텄다. 연락을 해온 사람은 거래에 관심이 많은 것처럼 보였지만, 줄리에게 다시 연락을 하겠다고 했고, 20분 후 다시 전화를 해서 그의 사장이 거래를 하고 싶어 한다는 말을 전했다. 문제는 사장이 오후에 출장을 갈 예정이라 그 전에 줄리의 제안을 듣고 싶어 한다는 것이었다. 줄리가 거래를 성사시키기만 하면 회사에 수백만 달러의 수익이 생길 터였다. 이때 줄리가 거래를 성사시키게 하려면 어떤 관리방식을 적용해야 할까?

감독의 방식으로 그녀가 거래를 성사시키도록 옆에서 도와야 한다는 답이 많이 나올 것이다. 그렇게 하면, 그녀는 세심한 도움을 받는 데 대해 고맙게 생각할 것이다. 하지만 어느 정도 경험을 쌓고 요령을 터득한 후에는 세세한 점까지 관리하는 데 대해 불만을 표출할지 모른다. 사사건건 간섭한다는 생각을 가지기 시작하는 것이다. 그때 협력의 방식을 취하고 마지막으로 조정의 방식을 취한다.

사례를 하나 더 소개한다. X세대 데이브[Dave]는 4년째 배관공급 회사의 창고에서 일하고 있다. 데이브는 인근에 위치한 2년제 대학에서 커뮤니케이션 학위를 받았고, 현재 4년제 대학에서 비즈니스를 전공하고 있다. 데이브는 탁월한 성과를 올려서 18개월 전에 작업관리자로 승진했다. 승진한 이후 데이브는 더 열심히 일에 전념하고 있다. 아침 일찍 출근해서 저녁 늦게 퇴근하는 것은 물론 주말에도 근무를 자주 한다. 그는 또한 부하직원들을 신뢰하고 그들이 업무에 전념하도록 지원한다. 그는 또한 그의 부서를 사내 최고의 부서로 만드는 데 열정을 바치고 있다. 그렇다면 데이브와 그 부서의 업무 성과에는 만족하지만, 데이브가 의욕이 너무 과해서 걱정이 된다면 어떻게 해야 할까?

부서의 직원들이 혼자서 일하기 좋아하는 X세대인데도, 데이브는 직원들에게 업무를 별로 위임하지 않는다. 그에게 이런 얘기를 하면, 그는 직원들이 해야 할 일을 하는 경우도 있다며 인정을 하면서도, 직원들이 과중한 업무에 시달리고 있고, 또 골치 아픈 문제를 해결하는 것이 본연의 임무라며 어쩔 수 없다는 태도를 취한다. 데이브가 휴가를 간 사이 그의 업무를 대신 맡았다고 가정해보자. 직원들은 업무에서 발생하는 문제를 일일이 보고한다. 경력과 재직기간을 고려할 때 직원들 스스로 해결해야 하는 문제들인데도 말이다. 그래서 휴가를 마치고 돌아온 데이브가 직원들과 소통하는 방식을 지켜본다. 데이브와 직원들의 대화에서 무언가 석연치 않은 부분이 보인다. 데이브는 걸핏하면 이런 말을 한다. "내가 해보지." 이런 상황에서 데이브가 직원들에게 어떤 관리방식을 적용하게 해야 할까?

그가 걸어온 길과 부서에 헌신하는 태도를 생각해서 데이브가 조정의 방식을 취하도록 내버려 둘 가능성이 크다. 하지만 그런 방식은 스스로 권한을 포기하는 관리로 전락하고 만다. 데이브는 업무의 여러 면에서 능력을 검증받았지만, 업무를 직원들에게 위임하는 면에서 무능력을 드러내고 말았다. 이런 상황에서 교육과 설득의 방식이 절실하다. 이 두 방식이 효과가 없으면 감독의 방식으로 전환해서 데이브가 직원들에게 업무를 위임하도록 지시한다.

이제 Y세대 제니퍼<sup>Jennifer</sup>의 이야기를 해보자. 제니퍼는 계약자 모니터링 일을 하면서 1년을 보냈다. 경영학을 전공한 제니퍼는 이 일을 하기 전에 18개월 동안 대규모 전자회사에서 구매담당자로 일했다. 꼼꼼하고 매사에 빈틈이 없는 제니퍼는 매일 일일계획서를 작성하고, 업체와 거래한 내역이나 골치 아픈 문제를 해결한 사항을 기록한다. 그런데 제니퍼는 불만을 제기하는 업체와 대면하기를 꺼려하는데, 업체와 대면해서 일을 처리하는 것에 자신이 없어 보인다. 그녀를 옆에서 지켜본 결과, 어쩔 수 없는 경우만 업체와 대면하는데, 그럭저럭 일을 잘 처리한다. 그녀의 상사는 지금까지 조정의 방식으로 그녀를 관리했다. 얼마 전에 회사와 거래하는 건물관리인이 건물 청소가 제대로 되지 않았다며 제니퍼의 상사에게 불만을 제기해왔다. 그러자 제니퍼는 즉시 건물관리인과 통화하고 불만사항에 대해 조치를 취했다. 그러나 그의 불만은 수그러들지 않았다. 제니퍼의 상사는 협력의 방식으로 그녀에게 문제가 무엇인지 물어본다. 이에 제니퍼는 건물관리 업체 사장이 무례한 태도를 취하고 농을 걸기도 한다며 건물관리인과 얘기를 나누겠다고 말했다. 그녀가 문제를 해결하지 못하는 경우를 제외하고 그녀가 그렇게 문제를 다루도록 놔두기 쉽다. 그러나 설득의 방식으로 건물관리 업체 사장을 직접 만나 문제를 처리하고, 그렇게 해야 장차 비슷한 상황에 잘 대처할 수 있다는 점을 납득시켜야 한다.


## ▪▪ 시샘하는 직원들에 대한 대처법

5가지 관리방식에 관한 강연을 하면서 시샘하는 직원들을 어떻게 다루어야 하는지 질문을 많이 받는다. 예컨대 X세대 동료에게는 혼자서 일하도록 가만히 놔두면서 자신에게는 세세한 부분까지 간섭한다며 불만을 느끼는 Y세대 직원이 있을지 모르고, 젊은 직원들에게 신경을 많이 쓰면서 자신에게는 관심이 없다며 섭섭해 하는 베이비부머 직원이 있을지 모른다. 혹은 옆에서 업무를 일일이 챙기는 모습을 보고 특정 직원을 편애한다고 생각하는 직원이 있을지 모른다. 해답은 완전한 투명성에 있다. 관리자의 관리방식 이면에 합당한 이유가 있다는 점을 이해하지 못하면, 직원들은 최악의 일을 떠올리고, 직원들을 편애하거나 자신들에게만 트집을 잡는다고 넘겨짚는 경우가 많다. 그래서 우리는 관리자들에게 관리방식에 대해 있는 그대로 밝히라는 말을 많이 한다. 즉 조직의 사정, 상황, 직원의 역량을 기준으로 해서 더 많은 관심을 가지고 직원들을 이끌고 관리하기 위한 것이라고 설명한다. 관리교육 세미나에서 우리는 참석자들에게 영화 포스터 크기가 됨직한 관리 메트릭스를 하나씩 나눠준다. 사무실 벽에 걸어두고, 5가지 관리방식을 적용하거나 그에 대해 얘기할 때 참고하라는 취지이다. 가령, 직원들과 이런 식의 대화가 가능하다.

"제리, 자네 프로젝트에 대해 나는 조정자 역할을 했지만, 민감한 정치적 문제가 걸려 있어서 이제 협력자의 역할에 더 치중해야 할 것 같네. 프로젝트 진행 상황을 수시로 보고해주면 좋겠어. 함께 전략을 찾아보자고."

또는 이런 식의 대화가 가능하다.

"브렌다, 자네보다 잔에게 자유재량을 많이 주어서 불공평하다고 생각할지 모르겠군. 잔의 업무가 그다지 어렵지 않아서 별로 간섭할 일이 없어서 그렇다네. 그래서 잔에게는 조정자의 역할을 해도 된다네. 반면에 자네 일은 너무 복잡해서 내가 협력자의 역할을 조금 하는 게 맞는 것 같네."

마지막으로 이런 식의 대화도 가능하다.

"밥, 저 메트릭스를 보면 알겠지만, 지금처럼 빨리 의사결정을 내려야 하는 상황에서 감독자의 역할을 하는 게 맞네."

## ▪▪ 세대간 갈등 해결할 수 있다

어떤 환경에서든 갈등이 일어나게 마련이다. 일을 처리하는 방식을 정하는 문제부터 주차 공간을 차지하는 문제까지 모든 일에서 갈등이 생긴다. 흔히 이런 갈등은 세대차이에서 비롯될지 모른다. 예컨대, 전체 팀의 의견을 물어서 의사결정을 내리고자 하는 베이비부머 세대의 생각은 단독으로 의사결정을 내리고 일을 진행하고 싶어 하는 X세대의 욕구와 충돌할지 모른다. Y세대 직원은 업무 방향을 잡아주기를 바라지만, 그의 X세대 상사는 그가 스스로 하도록 내버려둬야 한다고 생각한다. 전통세대는 Y세대가 예의가 없다고 생각할지 모른다. 이런 상황에 놓인 관리자라면 갈등을 유발하는 세대별 요인들을 고려해야 한다. 다음 물음들을 던져보고, 세대간 갈등을 해결하는 방법을 살펴보자.

- 어떤 세대에 속하는가?

- 세대간의 갈등인가? 아니면 다른 문제가 있는가?

- 각 세대는 무엇 때문에 갈등을 빚게 되었는가?

- 직원들 개개인은 상황을 어떻게 인식하는가?

- 직원들 개개인은 갈등을 빚은 사람들의 위치를 어떻게 표현하는가?

- 그들의 가치가 중요하다는 점을 직원들 각자에게 어떻게 전달할까?

- 직원들 각자에게 어떤 관리방식을 적용하면 될까?

- 지금 상황에서 관리방식이 적절한가?

- 상황을 개선하기 위해 어떤 점을 고쳐야 할까?

- 이상적인 결과는 무엇일까?

- 가능한 해법은 무엇일까?

- 상황이 해결되지 않으면 어떻게 해야 할까?


## ▪▪ 갈등해결 단계

여러 세대가 모이면 갈등이 일어나게 마련이므로, 신중한 전략과 계획하에 갈등을 해결해야 한다. 밥 필립스<sup>Bob Philips</sup>와 함께 쓴《절대적 정직<sup>Absolute</sup> <sup>Honesty: Building a Corporate Culture That Values Straight Talk and Rewards Integrity</sup>》에서 '건설적 대립'의 개념을 소개했다. 이 개념을 바탕으로 한 몇 가지 대안을 살펴보자.

### 1. 사전 준비를 하라
되도록 시간을 내서 갈등의 원인을 따져본다. 생각을 정리하고 자료를 모으고 목표를 세우고 토론 계획을 세운다. 토론이든 프레젠테이션이든 준비하기에 달렸다. 이런 과정이 갈등을 해결하는데 도움이 된다. 다음과 같이 사전 준비를 한다.

- **문제를 밝힌다** 자신이 원하는 바를 정확히 알지 못하면서 갈등을 빚은 사람에게 의견을 명확히 전달하기 어렵다.

- **문제 여부를 확인하라** 모든 문제가 갈등으로 이어지진 않는다. 싸움도 가려서 해야 한다.

- **바람직한 결과를 찾아라** 대립을 통해 얻고자 하는 바를 확실히 해야 한다. 그래야 주장을 관철하고 옳고 그름을 따지거나 징계를 내리는 과정에서 쓸데없는 대립을 피할 수 있다.

- **서로의 이익을 확실히하라** 협상이나 논쟁에서는 이익이 걸려 있게 마련이다. 사전에 쌍방의 이익에 대한 합의점을 찾아야 한다.

- **차선책을 찾아라** 계획한 대로 정확히 대립의 결과를 얻을 수는 없다. 사실, 늘 여러 사람의 의견이 개입되기 때문에 그럴 수밖에 없다. 사전에 차선책을 마련해둔다면, 관계된 사람들이 만족할 만한 결과를 얻을 확률이 높아진다.

- **합의점을 찾기 위한 계획을 세워라** 설사 계획대로 되지 않는다 해도, 계

획은 토론의 출발점이 된다.

## 2. 토론하라

갈등을 빚은 직원에게 문제가 무엇인지 물어보고, 토론을 통해 최선의
해결책을 찾아보자고 제안한다.

- **문제나 당면과제를 구체적으로 설명하라** 명확하고 간결하게, 친절하고
  편안하게 문제를 설명한다.

- **'우리' 라는 표현을 써라** 분위기가 썩 좋지 않은 상황에서 '당신', '자
  네', '너' 라는 표현은 대부분 잘못을 책망하는 의미로 느껴진다.
  '건설적 대립' 은 잘못과 결점을 집어내기보다 문제와 갈등을 해
  결하기 위한 과정이다.

- **현재와 미래에 초점을 맞춰라** 과거는 바꿀 수 없다. 이미 벌어진 일의
  잘잘못을 따지다보면 문제는 해결하지 않고 자신을 방어하는 데
  급급해진다.

## 3. 귀를 열어라

편견을 버리고, 반박할 생각을 접어두고, 먼저 상대방의 의견에 귀를
기울인다. 그 다음 상대방이 입장을 분명히 하고 관련 자료를 제시하
도록 요청한다. 경청은 다음 단계로 이루어진다.

- **관심을 가져라** 눈을 맞추고 몸짓이나 표정을 바꾸는 등 비언어적 단서를 제시하면서 이야기를 잘 듣고 있다는 메시지를 상대방에게 전달한다.

- **바꾸어 말해보라** 상대방이 한 말을 반복하는 게 아니라 같은 뜻을 가진 다른 말로 상대방의 말을 확인하는 것이다.

- **질문해보라** 대개 질문하는 형식으로 상대방의 의도를 명확히 하는 방법이다. 가령, 상대방에게 다시 질문하여 쌍방의 이익을 명확히 한다.

- **역지사지하라** 상대방의 관점을 수용하고 한 마디 덧붙임으로써 상대방의 처지를 존중한다는 인상을 남긴다.

### 4. 의견을 내놓아라

관련 자료와 함께 의견을 분명하고 확고하게 밝힌다.

- **'나'라는 표현을 써라** '너', '당신'이라는 표현은 상대방을 힐책하는 의미로 이어질 수 있다. '당신은 이 부분을 잘못했어.'식으로 말하기보다 '나는 이렇게 생각해.'라는 표현을 쓴다.

- **나름의 의견이라고 말하라** '진리'인 것처럼 말하지 말고, 자신의 관점이라는 측면에서 의견을 말한다.

- **요구사항을 분명하고 확고하게 알려라** 원하는 바를 늘 얻을 수는 없지만, 노력하면 필요한 것을 얻을 수 있다.

- **'입장'인지 '이익'인지 분명히하라** 이익을 필요로 하는지, 입장 정리를 원하는지 분명히 알린다.

## 5. 마음을 열어라

토론을 이끌어서 쌍방의 목표를 달성하고, 더 중요하게는 회사를 위한 최선의 해결책을 찾는다.

- **토론의 목표를 함께 찾아라** 토론을 통해 가령, 수익 증대, 위험 축소, 품질 향상 등 문제의 해결책을 찾자고 제안하다. 개인의 이익과 자존심의 문제를 벗어나 회사와 지역사회, 더 나아가 세상에 도움이 되는 해결책을 찾자는 데 서로 합의한다.

- **자료를 검토하라** 섣불리 결정을 내리지 말고, 모든 자료를 검토한다.

**자신의 관심사와 상대방의 관심사를 하나로 보라** 상대방의 이익을 고려할 때 상대방의 신뢰를 이끌어낼 수 있다.

- **해법을 물어라** 문제를 해결하기 위해 여러 방법을 동원할 수 있는데, 다른 사람들의 의견이 해법을 구하는 데 많은 도움이 된다.

## 6. 합의점을 찾아라

합의한 해법에 대해 재확인하고, 책임을 할당하고 후속조치를 취한다.

- **역할 분담을 확실히하라** 열띤 논쟁 속에서 해법을 찾게 되면 자칫 각자의 역할을 분명히 하지 않을 우려가 있다. 토론 이후 각자가 처리해야 할 일을 분명히 정리해야 한다. 오해를 줄이기 위해 합의서를 쓰는 경우도 있다.

- **서로의 견해 차이를 인정하라** 토론 결과를 어떻게 생각하든, 합의된 사항을 실천에 옮겨야 한다. 토론 결과나 합의한 사항을 혹평해서는 안 된다.

- **후속 조치를 취하고 평가하라** 해결책이 잘 통하는지 확인하기 위한 토론 일정을 잡는다.